집을 위한 인문학

집은 우리에게 무엇인가?

집을 위한 인문학

노은주 · 임형남 지음

인물과
사상사

● 일러두기

이 책에 수록된 사진 중에서 출처를 찾기 위해 노력을 다했지만, 누락된 것이 있다면 출처가 확인되는 대로 게재 허락을 받고 통상의 기준에 따라 사용료를 지불하겠습니다.

"나를 품어주었던 집, 내가 자라났던 집은
그 후 내 속에 있고 나와 더불어 세월의 지평선으로 사라진다."

– 폴 앙드뢰(프랑스 건축가)

생각과 시간으로 지은 집

인문학은 "인간과 인간의 근원 문제, 인간의 사상과 문화에 관해 탐구하는 학문"이라고 합니다. 사실 넓게 보면 인간이 담기는, 인간이 살아가는 과정 자체가 하나의 이야기이고 흔적이고, 그것이 인문학일 것입니다. 그 흔적은 명확하게 궤적을 보여주는 것이 아니라, 늘 이럴까 저럴까 망설이고 길을 잃고 시행착오를 거듭하면서 만들어집니다.

아이들이 어릴 때 함께 터키로 여행을 간 적이 있습니다. 가족 여행으로는 가장 먼 곳으로 가장 오랫동안 다닌 여행이었고, 인류의 오래된 유산이 가득한 고대도시를 여러 곳 둘러보는 대단한 여정이었습니다. 부모가 모두 건축가이다 보니 아무래도 여행을 다닐 때 남들보다는 건축물이나 도시의 풍경을 좀더 꼼꼼히 들여다보는 편이라, 우리에게 허락된 시간 안에 혹은 휴식 시간까지 더해 바쁘게 아이들을 끌고 다녔습니다.

옛 실크로드 상인들의 휴게소였던 카라반사라이karavan sarai, 2만 명이 넘게 살았다는 지하도시 데린쿠유Derinkuyu, 그리스 식민지 시절부터 문화가 융성했던 에페수스Ephesus의 고대 도서관 등참 볼 게 많았던 여행이었지요. 그러나 아이들에게 건축의 내력이나 양식 같은 뭔가 교육적인 이야기를 들려줄 때면, 아이들은 듣는 등 마는 등 전혀 관심이 없었고, 오히려 길거리에 편하게 드러누워 있는 귀여운 고양이나 개들에게 눈길을 더 주었습니다. 우리는 보라는 달은 안 보고 가리키는 손가락만 본다고 어쩔 수 없다고 웃기도 했습니다.

그런데 한참 지나 우연히 아이가 남긴 그때의 여행에 대한 기록을 보게 되었습니다. 장래 희망에 대한 생각을 적어내는 과제였나 본데, 그 여행에서 보았던 거리 풍경, 사람들에 대한 감상을 사진과 글을 통해 표현하며 시간을 기록하는 직업을 갖고 싶다고 했더군요. 단순히 아이의 겉모습만을 보고 관심 없어 한다고 속단했던 것이 조금 미안해지는 순간이었습니다.

그 이야기의 방식이 평소 우리가 말하는 어투와 비슷해서 어쩔 수 없는 가족이구나, 부모의 생각과 함께한 시간들이 자연스럽게 삼삼한 소금 간 뿌리듯 아이들에게도 배어들었구나 싶었습니다. 우리는 간혹 지식 중에는 주워들은 지식이 최고라고 이야기합니다. 그 지식이 실천되는 지점을 스스로 깨달아가는 과정이 더 중요하다고 생각합니다.

집도 마찬가지입니다. 집은 무엇으로 지을까요? 물론 집은 콘크리트로 짓고 나무로 짓고 혹은 철과 유리로도 짓습니다. 사람들은 대부분 집에 대해 어떤 재료로 내부와 외부를 덮을까, 가구를 어떻게 놓을까, 방의 크기는 어느 정도로 만들까 하는 부분에만 신경을 씁니다. 그러나 집은 그런 물리적인 요소로만 이루어지는 것이 아닙니다. 그것보다 더욱 중요한 것은 그 집 구석구석에 배어든 사는 사람의 생각과 온기입니다.

건축가로서 누군가의 집을 짓기 위해 많은 분을 만나고 오래 이야기를 나눕니다. 늘 정답이란 없습니다. 처음에는 그저 막막하기만 하던 빈 땅에 선이 그어지고 벽이 올라오고 지붕이 덮이기까지의 과정은 낯선 골목에서 여기저기 들어가 보고 되돌아 나오며 마침내 출구를 찾을 때까지 헤매는 과정과 비슷합니다. 누가 정의해주고 알려주지 않아도 단편적인 이야기들과 지식들을 모아 큰 줄기를 이루는 하나의 이야기로 완성해나갑니다.

말하자면 집은 생각으로 짓고 시간이 완성하는 살아 있는 생명체 같은 것입니다. 집에는 가족이 나누던 온기와 생활의 흔적과 집에서 펼쳐질 앞으로의 미래에 대한 생각이 담깁니다. 혹 사람들이 집을 떠나거나 그 집이 여러 가지 이유로 사라지게 되더라도, 그 집에 쌓인 시간과 그 집에 살았던 사람들이 남긴 생각은 그대로 남게 됩니다. 그렇게 집은 생명력을 얻고 영원히 기억됩니다. 이 책은 그동안 우리가 만났던, 좋아하는, 함께 지었던 집에 대한 이야기이자, 우리가 살아가는 지금의 이야기입니다.

2019년 가을
노은주 · 임형남

차 례

책머리에 • 6

제 1 장

가족을
___품은
___집

행복의 향기가 있다 • 17
산을 즐기고 물을 즐기다
아이들이 마당에서 뛰어놀다
즐거운 작당을 꾸미다

손때와 추억이 묻어 있다 • 31
살아보고 싶은 집에서 사는 것
집도 나이가 든다
아내의 뜰과 남편의 마당

가족의 삶을 담아내다 • 44
완전하지 않은 가족 이야기
가깝지도 멀지도 않은 거리
변화하는 가족과 집의 풍경

삶의 여백을 즐기다 • 58
우리는 왜 불안해하는가?
권위를 벗어놓고 여백을 즐기다
생활이 비대해지고 욕망에 휩쓸리고

평온한 아름다움을 간직하다 • 72
집은 일상복처럼 편안해야 한다
가장 오래된 살림집
엄숙함과 평온함이 공존하다

제 2 장

사람을
품은
집

부대끼며 살아온 흔적이 있다 ● 87
즐거움은 먼 곳에 있지 않다
교감하며 온기를 나누다
집의 온도, 마음의 온도

자기 앞의 생, 자기 앞의 집 ● 99
라이프스타일은 변한다
모던 라이프가 가져온 가상의 세계
나를 그려내고, 나를 담다

시인의 집은 시다 ● 112
시로 집을 짓다
편하고 아프고 아름다운 공간
바위를 열듯 비스듬히 길이 열리다

주인의 성품을 닮는다 ● 125
집은 얼마나 커야 충분한가?
기억과 기록의 땅
화해와 조화를 꿈꾸다

고정관념을 깨다 ● 138
한옥은 '지금 여기의 집'인가?
아주 특별한 2층 한옥
시대와 호응하며 진화하다

제 3 장

자연을
___품은
___집

이상적인 지혜에 이르다 • 155

불확정성의 원리
우주의 무작위성을 깨닫는 지혜
인간의 불완전성을 완전하게 만드는 길

수직과 수평이 조화를 이루다 • 168

선을 긋는다는 것
'동양의 선'과 '서양의 선'
빈 땅에서 선을 찾아내 집을 세우다

경계와 경계를 넘나들다 • 180

도를 닦기 위한 첫 관문
100년의 시간을 복원하다
시간의 문이자 이야기로 들어가는 문

자연을 즐기다 • 192

오뚝한 산과 유장한 물을 품다
경계를 알 수 없는 정원
책을 읽고 세상을 보다

자연의 질서, 인간의 질서 • 204

한국의 문화는 동적이면서 입체적이다
해학과 생략의 미학
회화나무가 만드는 풍경

제 4 장

이야기를
_____ 품은
_____ 집

집은 어떻게 완성되는가?　　　● 219

이야기 속에서 살다
삶을 바라보는 관점과 자세
집은 한 개인의 우주다

집은 사람이 살면서 채워진다　　　● 231

기계가 대신할 수 없는 것
일상성이 주는 안도감과 공감
사람만이 만들어낼 수 있는 이야기를 담다

집은 희망으로 짓는다　　　● 244

사람은 희망으로 산다
건축의 재료는 희망이다
희망의 이야기를 담다

우리의 정서와 정신을 담아내다　　　● 256

'고희동 가옥'에서 가졌던 의문
한옥은 이 시대의 삶을 담을 수 있을까?
우리 시대, 한옥의 가치

비움과 채움의 삶의 풍경　　　● 268

비워져 있지만, 채워져 있는 공간
공간을 풍성하게 만들다
각자의 이야기를 품다

제 1 장

가족을 품은 집

행복의
향기가
있다

산을 즐기고 물을 즐기다

건축가인 나에게 건축은 즐거운가? 그렇다. 머릿속에 있는 희미한 구상이 물리적 실체로 서서히 나타날 때, 초음파 사진에서 외계 생명체와 같던 존재가 점점 인간의 모습으로 드러나는 듯한 탄생의 과정이 숨어 있다. 그런 존재의 발현은 인간에게는 놀랍도록 아름다운 순간이다.

집이라는 것이 그런 의미라고 생각하다. 가족이라는 다소 추상적인 개념이 집이라는 구체적인 실체에 담겨질 때의 감동, 땅이라는 보편적인 환경에 점을 찍듯 자신의 어떤 자취로 만들어지는 경이, 그런 느낌이 집을 짓는 즐거움이며 의미라고 생각한다. 더군다나 그런 의미와 생각이 시간의 파괴 작용을 견디며 꿋꿋하게 살아남을 때의 감동이 더해지면, 집짓기란 인생에 걸쳐 가장 의미 있고 즐거운 행위가 되는 것이다.

얼마 전부터 부동산으로서 경제적 가치보다는 가족의 안식처로서 집, 그 본연의 가치를 생각하며 설계를 맡기는 사람이 늘고 있음을 실감한다. 물론 교외에 나가 자연과 가까이 살고자 하는 사람도 많지만, 일터가 있는 도심 한복판에서 절묘한 해법을 찾는 사람도 있다.

서울 종로구 평창동은 큰길을 사이에 두고 협곡처럼 두 개의 언덕이 골짜기를 이루며 마주 보고 있다. 서쪽은 북한산을 기대고 있으며 비교적 크고 호화로운 집들이 자리 잡고 있고, 북악산과 인왕산을 기대고 있는 동쪽 언덕은 상대적으로 경사지의 규모가 작고 오래된 집들이 구석구석에 숨어 있다.

어느 날 이 동네에 집을 짓겠다며 어떤 부부가 찾아왔다. 어쩌다 보니 신혼살림을 평창동에 있는 주택에서 시작했는데, 살다 보니 동네가 마음에 들어 적당한 땅을 찾기 위해 꽤 오랫동안 발품을 팔았다고 한다.

집을 지을 땅은 평창동 동쪽 언덕에 있었다. 지어진 시기와 공사의 수준이 들쭉날쭉한 집들이 가파른 경사지 위에 앉아 있는

평창동 동쪽 언덕에 지어진 요산요수는
부부가 오랫동안 발품을 팔아 마련한 땅에
산과 물을 즐기는 집으로 완성되었다.

ⓒ 박영채

동네의 제일 안쪽에 있었고, 경치가 무척 좋았다. 사방으로 장엄하게 펼쳐진 북한산의 모습은 중간중간 집의 앞과 옆으로 지어진 연립주택들로 인해 끊어져 있었다.

그리고 언제 부서졌는지 원래 이 땅에 있었던 집의 잔해가 땅을 다 덮고 있었고, 잡초가 우거져서 땅의 맨얼굴을 볼 수는 없었다. 경사가 심해 접근이 어렵고 얼핏 험해 보이는 모습 때문에 그동안 아무도 여기에 선뜻 새로 집을 짓겠다는 엄두를 내지 못했던가 싶었다.

땅을 보고 나서, 그들이 살고 싶은 집에 대한 이야기를 들으며 설계를 시작했다. 프로그램은 단순했다. 아내는 돌보고 있는 고양이 세 마리와 개 한 마리가 함께 지내기에 편리한 공간이기를 원했고(모두 유기되었던 동물들을 데려왔다고 한다), 남편은 그리 넓지 않더라도 수영을 할 수 있는 풀장을 만들어달라고 했다. 나중에 독립적으로 사용할 수 있는 방을 2층으로 올리고, 부부의 침실도 식당과 거실 등의 공용 공간과 적당히 분리하고 싶다고 했다.

밖을 향해 열린 곳과 닫힌 곳이 너무 명확하고 접근의 방향도 너무나 뚜렷해서 집을 계획하는 것은 정해진 길을 걷는 것처럼 한 치의 망설임도 있을 수 없는 조건이었다. 집의 덩어리를 'ㄱ'자로 꺾고, 풀장과 중정中庭을 끼워 넣고 그 안에 작은 뜰을 만들었다. 현관을 들어서면 바로 2층의 침실로 올라가는 계단을 두고,

아내는 고양이와 개가 함께 지내기에
편리한 공간이기를 원했고,
남편은 넓지 않더라도 수영을 할 수 있는
풀장을 만들어달라고 했다.

ⓒ박영채

삼면이 열려 있는 거실로 가는 동선의 중간에 독립적인 주방을 끼워 넣었다.

안방은 후정後庭을 끼고 다양한 풍경을 보며 걸어가는 긴 복도 끝에 자리 잡았다. 그 침실은 문을 열자마자 어슷하게 연결된 풀장과 곧바로 연결되고, 멀리 북한산의 풍경이 물에 비친다. 그 빛은 다시 안방의 천장으로 반사되어 어른거린다.

설계는 무척 순조롭게 진행되었다. 다만 공사 과정에서 언덕 끝자락에 매달린 집의 주변을 정리하는 일과 마음 약한 시공자의 느슨한 마무리와 행정 절차의 이유 없는 지연이 우리를 괴롭혔다. 그러나 늦어지는 건축 일정에도 당차게 해법을 같이 고민하며 흔들리는 기색 없이 버텨낸 건축주의 태도는 놀랍고도 고마웠다.

시작이 있으면 끝이 있다. 과정의 괴로움은 뒤꿈치로 북북 지워버린 땅 위의 낙서처럼 희미하게 사라져버리고, 그들 앞에 이제는 즐길 일만 남았다.

일이 마무리될 무렵 전화가 와서 집의 이름은 산을 즐기고 물을 즐기는 집, '요산요수樂山樂水'로 정하고 싶다고 했다. 왜 안 되겠는가. 어렵고 괴롭고 슬플 수도 있는 여건을 불평 없이 참아내며 심지어 즐겨가며 집을 짓고, 이제는 수확을 앞둔 농부처럼 집에서 살아갈 여러 가지 즐거운 미래를 생각하는 그들이야말로 진정 삶을 즐기는 자라는 생각이 들었다.

아이들이 마당에서 뛰어놀다

가족이 변하고 있다. 전통적인 가족의 개념이 희미해지고 새로운 가족의 개념이 생겨나고 있다. 우리나라에서는 조부모와 큰집, 작은집 등이 모여 살던 대가족이 현대로 들어서며 부모와 아이가 사는 핵가족으로 바뀌더니, 요즘은 아예 부부만 살거나 한부모와 아이, 혹은 혼자 사는 집 등 1~2인 가구가 늘어나고 있다. 물론 여러 가지 사회적인 요인이 작용한 것이겠지만, 막대한 사교육비와 불안한 육아 환경으로 아이를 낳지 않는 부부가 늘어난 것도 큰 요인일 것이다.

돌이켜보면 나의 유년기와 청년기를 관통했던 20세기 후반도 참 많은 변화가 있었다. 가족이 변했고 집이 변했다. 물론 살았던 지역에 따라 많은 차이가 있겠지만, 나처럼 서울 시내에서 태어나서 자란 사람은 훨씬 다이내믹한 주거의 변천을 엿볼 수 있었다.

나는 'ㄷ'자 형식으로 생긴 도심형 한옥에서 자라고, 서울 외곽의 신흥 주택 지역의 '집장사 집'에서 살아보았다. 그리고 1980년대 이후 비 온 다음에 죽순 자라듯 서울 전역을 무섭게 뒤덮었던 연립주택과 다세대주택, 우리나라 주거 문화의 절정인 아파트까지 모든 형태의 주거 형식을 다 겪어보았다. 그 무렵 주택을 정주停住의 개념이 아닌 유목민의 텐트처럼 여기고 언제나 옮길 준비가 되어 있는 도시 유목민의 라이프스타일이 생겨났다.

4~5인 가족을 기준으로 삼은 집의 규모가 지난 40여 년간 실시된 주택정책의 근간이 되어왔는데, 최근 가족 구성원이 빠르게 변화하고 있어 그 의미를 다시 생각하고 국민주택의 규모를 재정립해야 한다는 요구가 커지고 있다.

전남 나주혁신도시는 참여정부의 공기업 지방 이전 정책에 의해 여러 공공기관이 새 사옥을 짓고 그에 따른 주거시설과 상업시설이 들어서며 새로 만들어진 도시다. 많은 사람이 서울을 떠나 이사해 이곳에 정착하게 되었다. 나주는 특산품인 '배'나 나주곰탕 등으로도 유명하지만, 나주가 본인 성씨가 무척 많아 성향공원姓鄕公園이 생길 정도이고, 전주와 더불어 전라도라는 이름을 구성했던 내력이 있는 도시다. 원래 도시라기보다는 농업이 주된 산업인 이곳이 몇 년 사이에 인천 송도나 행정수도인 세종시 못지않은 큰 스케일의 도시로 거듭났다.

그러나 나주역에서 내려 현장을 왔다 갔다 하는 동안에는 그런 번화함 같은 것은 전혀 느껴지지 않았다. 그곳에 서울에서 살다가 회사를 따라 이사 온 가족의 집을 설계하게 되었다. 그들은 여러 군데 새로 지어진 아파트 대신, 이왕이면 마당이 있는 집에서 활발한 아이들이 마음껏 뛰어놀게 하고 싶었고, 나무도 심고 정원도 가꾸고 싶었다고 한다.

계획도시 한복판에 조성된 택지는 역사나 전통과는 거리가 먼, 논과 밭을 갈아엎어 만든 곳이었다. 멀찍이 언덕에 과장된 형

전남 나주혁신도시에 지은 4인 가족을 위한 집은
아이들이 마음껏 뛰어놀 수 있도록
앞마당과 뒷마당 등 다양한 외부 공간을 품도록 했다.
ⓒ박영채

태의 전망대가 있고, 주변에 잘 드는 칼로 잘라놓은 두부 같이 썰려 있는 택지들이 매끈한 단지 도로를 끼고 우리를 기다리고 있었다. 가까이 놀이터가 있고 평평하고 편안한 땅이었지만 아무런 특징이 없었다.

이런 식으로 땅의 흔적과 땅의 에고$_{ego}$를 뭉개놓은 택지 앞에서는 항상 좌절을 느낀다. 땅이 가진 리듬에 맞춰 스텝을 밟아야 하는데 흘러나오는 박자가 없다. 그런 곳에서 건축을 하는 것은 무반주로 노래를 부르는 것과 같고 귀를 막고 춤을 추는 것과 같다. 아주 난처하다. 그러나 우리는 집을 지어야 하고 그러기 위해서는 상상력이라는 것을 꺼내는 수밖에 달리 방법이 없다. 인간에게 상상력이 얼마나 유용한 것인가.

즐거운 작당을 꾸미다

애초부터 소수의 구성원이 아니었다고 해도, 여러 가지 사정으로 인해 가족이 따로 살게 되는 일은 그리 드물지 않다. 가장 흔한 이유를 꼽자면 아이의 조기교육을 위해 엄마가 아이를 데리고 외국으로 나가 아빠가 '기러기'가 되는 상황이다. 처음에는 돌봐야 할 가족이 눈에서 멀어진 것이 한편으로 편할 수도 있겠지만, 가족과 떨어져 그저 필요한 비용을 대는 역할을 하게 된 가장

이 홀로 살아가는 모습은 쓸쓸하기 그지없다.

혹은 가장의 직장이 다른 지역에 있다든가 하면 발달된 철도망의 도움을 받아 장거리 출퇴근을 하기도 하지만, 무척 고된 일이다. 그래서인지 요즘은 아예 가족이 함께 이주하는 경우도 예전에 비해서는 많이 증가했다.

이 집 역시 한창 뛰어놀 나이의 아이들이 편하게 지낼 수 있도록 주택을 마련하기로 한 전형적인 4인 가족을 위한 집이다. 조용하지만 무척 결단력이 있고 카리스마가 넘치는 아빠와 늘 웃는 얼굴을 한 명랑한 성격의 착한 엄마와 쉴 새 없이 움직이는 에너지가 넘치는 두 아이가 살 집이었다.

핵가족이라 부르는 두 세대가 사는 집이며, 엄마·아빠·딸·아들 네 식구가 사는 집. 무언가 가장 표준의 집을 짓는다는 생각이 들었다. 그동안 우리의 삶을 지탱하고 화수분처럼 집의 재산을 늘려줄 것이라고 기댈 언덕으로 여겨왔던 아파트에서 가족이 구상하고 가족이 정주하는 집을 짓는다는 것은 좀 달라야 될 것이라는 생각이었다.

그들은 집의 이름을 '적당과 작당의 집'이라고 미리 정해서 왔다. '적당'하다는 것은 넘치지 않도록 중용을 지킨다는 의미일 것이고, '작당'은 가족들끼리 화목하게 즐거운 모의를 하겠노라는 선언으로 들렸다.

평이한 듯하지만 비범한 두 개의 단어를 갖고 그림을 그리기

'적당과 작당의 집'은 놀이터가 되기도 하고
가족이 모여 음악을 듣고 그림을 그리는 쉼터가 되기도 한다.
가족들은 화목하게 모여 즐거운 작당을 한다.
ⓒ박영채

시작했다. 그래서 지금의 가족 구성에는 다소 넘치는 공간을 두 개 층에 만들었다. 어린 두 남매와 함께 즐겁게 지내기 위한 공간을 다양하게 만드는 것이 첫 번째 목표였다. 아이들이 어릴 때는 부모와 같은 방에서 살다가 성장하면 독립할 수 있는, 가족 간에 적당한 거리를 부여하는 집이 필요할 것이라고 생각했다.

　1층은 2층까지 크게 열린 거실과 실질적으로 집의 중심이 되는 주방과 식당, 안방과 온실로 구성했다. 살림을 위한 동선이 최대한 짧아지도록 욕실과 세탁실, 다용도실을 현관 주변 한쪽으로 모아두었다. 거실의 바닥을 지면보다 조금 낮춰 입체적인 공간감이 확장되도록 했고, 아이들이 숨기도 하고 누워서 구르기도 하고 발을 까닥거리며 책을 볼 수도 있게 계단참을 이용한 서재도 구성했다.

2층은 아이들이 크면 나누어 쓸 수 있는 커다란 침실을 두고, 지붕의 단면을 이용해서 네모난 공간이 아닌 다양한 삼각형을 뒤집어쓰고 있는 방들을 넣었고, 나중에 그곳에서 벌어질 풍경을 그렸다. 아직 어린 아이들이 2층 레벨에서 쉽게 들어갈 수 있도록 1층 지붕 아래 공간에도 다락방을 넣는 등 구석구석에 참호처럼 놀이 공간을 벌여놓았다.

집은 놀이터가 되기도 하고 가족이 모여 음악을 듣고 그림을 그리는 쉼터가 되기도 한다. 지금은 희미해져가는 부모와 자녀의 구성으로 이루어진 가족의 마지막 단위의 집을 만들며 가족의 의미를 다시금 되새겨보았다.

다소 축소된 의미일지라도 집이란 가족에게는 거친 세상에서 보호해주는 안온한 덮개라고 생각한다. 물론 예전처럼 대를 이어가며 살게 될 집은 아닐 것이다. 다만 아이들이 자라면서 부모가 집을 짓는 과정을 부모에 대한 기억과 더불어 기억하는 집이될 것이다.

손때와
추억이
묻어 있다

살아보고 싶은 집에서 사는 것

집을 설계하며 건축주들에게 자주 듣는 질문이 "좋은 집은 어떤 집인가?"라는 것이다. 과연 어떤 집이 좋은 집일까? 우리가 보통 집을 고를 때, 현실적으로 가장 적당한 집이라고 생각하는 범주가 있다. 교통이 편리한 집, 위치가 좋은 집, 전망이 좋은 집, 비싼 집 혹은 가격이 많이 오를 것 같은 집, 설비가 아주 잘 되어 있어서 편리한 집, 새로 지은 집…….

대부분의 사람들이 선호하는 집의 형태를 생각해보면, 한편으로는 과연 그것이 정말 절대적인 의미로서 좋은 집이냐 하는 의문이 든다. 우리가 생각하는 지금 현재의 좋은 집은 뭐냐면 일터와 가까운 집이다. 우리는 둘이 함께 사무실에서 늦게까지 일할 때도 많아서 아이들끼리 집에 있을 때가 많으니까, 집과 회사의 거리가 가능한 한 짧아서 쉽게 양쪽을 다 살펴볼 수 있는 집이 우리에게는 정말 좋은 집이다.

아마도 대부분의 사람들이 그럴 것이다. 사실 어느 정도까지 아이들이 크고 나면 정말 모든 조건을 생각한 좋은 집을 찾아볼 건데, 당면한 목표와 환경 때문에 일단 유보하는 경우가 많다. 좋은 집은 늘 머릿속에 있다.

물론 집을 마련하는 일 자체가 쉽지 않다. 어떻게 보면 집이 우리 생활에 너무 무거운 비중으로 들어와 있기 때문이다. 평생에 걸쳐 돈을 벌어야 마련할까 말까, 빚을 져야지만 살 수 있거나, 물려받거나 물려주는데도 세금 등 문제들이 있다. 소유에 대한 개념이 들어가 있기 때문에, 빚이 있는 집은 내 집이 아니라 은행 집이라는 농담 아닌 농담도 있다.

매번 이사를 한다거나 하는 것도 참 어려운 일이다. 그래서 개인적으로 자기가 좋아하는 옷과 음식은 가까이할 수도 있고 취향도 쉽게 찾지만, 집에 대해서만큼은 엄두를 낼 수 없는 부분이 분명히 있다.

어느 날 아는 사람과 이야기를 하다 보니까 장인과 장모가 은

퇴 후 강릉으로 이사를 가셨다고 한다. 전세를 구해서 가셨는데 왜 집을 안 사셨냐 했더니, 거기서 바닷가에서 산책도 하고 등산도 하고 재미있게 사시다가 계약 기간이 끝나면 다시 남해로 내려가 통영쯤에 살아보고, 그다음에는 또 다른 곳을 가실 거라고 한다. 말하자면 전국에서 좋아하는 도시를 소유에 구애받지 않고 살아보시겠다고 했다는 것이다.

사람은 적응의 동물이기 때문에 새로운 장소에 가서도 금세 적응하기는 하는 것 같다. 외국에 가면 일주일이면 적응하듯 말이다. 다만 그 생각을 젊은 사람이 아니고 연세가 있으신 어르신께서 하셨다는 게 굉장히 신선했다. 언젠가 내가 살아보고 싶은 동네에 부담 없이 가서 살아본다는 게 너무나 좋은 아이디어라고 느꼈다.

집이라는 것, '내 집'이라는 게 소유해야 물려주는 재산으로서 가치도 지니게 된다는 고정관념만 벗어나면, 집과 공간에 대해서 훨씬 다양한 생각과 고려를 해볼 수 있는 게 아닌가 싶다.

고정관념을 갖고 있다는 것은 어찌되었건 그 당시에 처한 상황이 워낙 중요하기 때문에 그렇다. 가령 대학교를 졸업한 사회 초년생이라든가, 신혼부부라든가, 한창 아이를 키우고 있는, 그렇기 때문에 반드시 공동주택에서 살아야 하는 사람들에게 집 이야기는 사치스러운 이야기로 들릴 수 있다. 다양한 공간을 고려해봐라, 자연과 만나라, 이런 이야기들이 평생 가야 단독주택에

서는 안 살아볼 것 같은데 하고 생각할 대부분의 사람들한테는
쓸데없는 이야기일 수도 있다.

집도 나이가 든다

집이 그렇게 중요하다고 하고, 많은 시간을 집에서 보내는데
도 재테크의 수단으로 보는 의식이 너무 강하기 때문에 생활의
공간이나 사는 곳이라는 개념에 많이 소홀했던 것이 사실이다.

그동안 일하면서 우리는 신혼부부를 위한 집을 세 채 정도 설
계했다. 그중 경북 포항의 들판에 있는 창고를 고쳐서 만든 집이
있는데, 그 집주인의 이야기에서 크게 배운 바가 있다. 주위에서
그 돈이면 아파트를 살 수 있는데 왜 창고를 고치냐고 하니까 그
들은 "그게 우리한테 무슨 의미가 있느냐?"고 반문했다고 한다.
집을 의미 있는 곳으로 만들고 싶다, 그래서 아버지가 썼던 창고
를 고쳐서 쓰겠다고 결심했다는 것이다.

또 한 부부는 상가주택의 옥탑방을 신혼집으로 꾸미며 아래
층에 거주하는 부모님과 할머니 곁에 살겠다고 했다. 계단실에
딸린 옥탑방이라 폭이 2.4미터, 깊이가 6미터 되는 공간이었는데
그냥 비어 있던 공간이 거짓말처럼 새로 삶을 시작하는 터전이
되었다.

포항의 들판에 있는 집은
아버지가 썼던 창고를 고쳐서 만들었다.
60평 중 1/3인 20평을 복층으로 만들어
1층은 주방과 식당, 거실로 꾸미고
2층은 가족실과 욕실, 침실로 구성했다.

ⓒ 박영채

이들에게는 집이 '의미 있는 공간'이라는 게 중요했다. 사실 앞으로 집값이 얼마나 오를지, 10년 후 재개발이 되면 몇 배의 가치가 될지, 이런 것을 고려하다 보면 지금 있는 집에 대해서는 어떤 애착을 갖기가 어려워진다. 그곳은 결국은 떠날 집이기 때문이다.

집이란 원래 언제든지 돌아갈 수 있는 곳이어야 한다. 낮에 아무리 힘든 일이 있고 사람들하고 부대끼고 피곤했어도 편안하게 쉴 수 있는 곳, 가족들이 있는 곳, 그런 의미가 있는 곳인데, 우리는 자꾸만 그 사실을 잊게 된다.

재건축 프로젝트라는 것도 짧게 봐서 5~10년이지, 더 오래 걸리는 경우가 많다. 그사이에 내 경제적 상황이 어떻게 변할지, 지금 '잘 나가는' 동네가 계속 잘 나갈지, 도시의 환경이 어떻게 변할지 지금은 아무도 장담할 수 없는 상황이 되었다. 그 대신 집의 보이지 않는 가치를 한 번 생각해보고, 내 몸에 맞추고, 나의 현재에 맞추면 어떨까? 나는 너무 먼 미래를 대비하는 것은 일종의 도박이 아닐까 생각한다.

결혼하고 남들처럼 몇 군데 이사를 다니며 여러 집에 살았지만, 아이들을 한참 키울 때의 오래된 빌라가 기억에 많이 남는다. 어떤 공간이 절대적으로 좋은 게 아니고, 그 안에서 어떤 프로그램이 있었는지, 어떤 행동을 했고, 어떤 느낌이 있었고, 어떤 생활을 했는지, 그곳에서 만들었던 추억과 분위기, 이런 것들이 집에 대한 생각을 만들어주는 것 같다.

누가 나에게 '어떤 집에 살고 싶냐'고 물으면 딱히 대답할 말이 떠오르지는 않는데, 그 대신 어떤 집이 되었으면 좋겠다는 그림이 있다. 20대 때 선배의 하숙집에 이삿짐 나르는 것을 도와주러 갔던 적이 있다. 굉장히 낡은 집이었는데 모든 가구가 반질반질하고, 복도에는 가족들이 어눌하게 그린 그림이 가득 붙어 있어서 정말 따뜻한 느낌이 들었다.

그때 든 생각은, 손때가 묻은 집에서 살고 싶다는 것이었다. 내 집이 어떻게 지어질지는 모르겠지만, 나이를 먹더라도 햇빛이 가득한 밝은 느낌이 드는 집이 좋겠다는 생각을 했다. 나이가 드는 집은 시간이 많이 들어가야 한다. 늘 집을 완성하는 것은 시간이라고 이야기하는데, 이사 안 가고 한군데 계속 있어야 하니까 쉬운 이야기는 아니다.

한번은 이사를 새로 갔는데 거실에 이전에 살던 가족의 아이들이 키 크는 것을 메모해놓은 벽이 있었다. 아이들이 금세 컸다는 것을 알 수 있는 몇 년간의 기록이었는데, 아마도 이 벽을 떼어가고 싶었겠다는 생각이 들었다.

그래서 우리는 누구나 아이들이 이렇게 자란 흔적을 집에 남기고, 아이들이 그 집을 기억할 때 방과 창문과 집의 냄새, 이런 것들을 기억할 수 있게끔 해야 하는 것 아닌가 싶었다. 추억이 들어 있고, 기억이 묻어 있는 집, 내가 언제든 돌아갈 수 있는 집,

가족이 함께 머무는 집, 그런 집이 정말 좋은 집이 아닐까 생각해 본다.

아내의 뜰과 남편의 마당

몇 년 전 공주 구도심에 50년도 더 된 작은 집 '루치아의 뜰'을 고치는 것을 거든 적이 있다. 3칸짜리의 가장 일반적인 일자집이었고, 2.5평 크기 방이 두 개 붙어 있고 그 앞으로 2.5평 정도 되는 마루가 있고 4평 남짓한 부엌이 있는 10평(33제곱미터)이 조금 넘는 전형적인 집이었다. 우리는 최소한의 공사로 집을 고쳤다. 사실 고쳤다기보다는 열심히 청소를 했다고 보아도 될 정도였다.

스텔라라는 할머니가 가꾸던 뜰을 집과 함께 물려받은 루치아가 한적한 골목까지 자기 집 정원처럼 가꾸고 거기에 주변 사람들이 거들면서 동네가 살아나기 시작했다. 그리고 몇 년 사이 루치아의 남편인 요한은 공주의 한 대학에 교수로 재직하면서 아내의 공간인 '루치아의 뜰'이 잘 가꾸어지도록 옆에서 돕고 있었다. 아내의 꿈이 이루어지는 과정을 함께하면서 자신을 돌아보게 된 그는 재직 기간이 아직 남아 있기는 하지만, 자신의 꿈을 되돌아보며 어려운 선택을 하게 된다.

그는 '찰리의 초콜릿 공장'처럼 달콤한 초콜릿을 만드는 공간

담을 사이에 둔 아내의 뜰과 남편의 마당에서는
차와 초콜릿의 향기가 풍기는 듯하다.
초코루체는 원형이 사라진 외벽을 유리로 마감해 환하게 하고,
내부를 뜯어내 나무 뼈대가 드러나도록 했다.

ⓒ 박영채

을 갖고 싶다고 생각하고, 이른 퇴직을 아내와 상의 중이었다. 그때 거짓말처럼 '루치아의 뜰' 바로 옆에 있는 나이도 루치아의 뜰과 비슷한 한옥이 매물로 나왔다.

끝말잇기처럼 그 일이 다시 우리에게 찾아와 요한의 '초코루체'를 함께 만들게 되었다. 루치아의 뜰과 담을 하나 사이에 두고 있으며 선명한 파란색 금속 기와를 얹은 집이다. 처음에는 오래된 한옥의 기둥에 시멘트로 칠갑을 한 채 시간이 많이 지나서 상태가 그리 좋지는 않았다.

초코루체는 어머니의 식탁에 둘러앉아
초콜릿을 혀로 굴리며
마당으로 쏟아지는 햇빛을 느끼며
낮잠을 잘 수 있는 공간이 되었다.
ⓒ박영채

'ㄱ'자로 된 집과 높은 건물로 둘러싸인 마당과 시멘트로 얼기설기 만들어놓은 장독대와 작은 창고는 서로 조화롭지 못했고, 시간의 흔적은 모두 지워져 있었다. 오래된 집이 갖는 편안함은 여러 차례 고쳐지는 과정에서 사라졌고, 조금은 썰렁한 모습으로 사람들을 맞이했다.

어디부터 손을 대야 할지 고민을 하는 사이 계절이 지나고, 균열이 많은 벽에 이끼가 자라고 풀이 몇 포기 솟아오르고 있었다. 그 풍경은 무척 역설적이게도 희망이라는 단어를 떠올리게 했다.

초콜릿이라는 것은 식품이면서 공예이고, 그 맛과 모양은 꿈을 형상화하는 것이다. 천사가 되기도 하고 장난꾸러기가 되기도 하고, 성이 되기도 하고 나무가 되기도 한다. 말하자면 머리와 손이 동시에 움직이며 하나의 세상을 만드는 것이다.

요한이 초콜릿을 배우는 사이 우리는 집을 그렸다. 루치아의 뜰의 후미진 뒷벽과 연결되는 요한의 마당에는 어떤 모습을 담을 것인지 고민했다. 구체적인 기억이 있는 루치아의 뜰과는 달리, 여러 가지 생활의 자취만 남아 있는 그 집은 전체를 요한의 꿈으로 덮는 것이 좋을 것 같았다.

그래서 이곳은 루치아의 뜰을 건너서 모퉁이를 돌아가면, 다른 세계로 다른 이야기를 들으러 들어오는 곳으로 만드는 것이 좋겠다고 생각했다. 원형이 사라진 외관을 유리로 마감해 햇빛

을 가득 들이고, 내부를 뜯어내며 찾아낸 나무 뼈대를 살리고, 벽을 조금 다듬고 나무로 틀을 짜넣어 부드러운 속살처럼 만들어보자는 원칙을 세웠다. 어두운 색상과 조금은 딱딱한 겉과 부드럽고 달콤한 속살을 가진 초콜릿처럼…….

나무를 닦아내고 덧대고 칠을 하고 바닥을 정리했다. 그리고 외부 마당에는 빨간색 벽돌을 고르게 깔고 틈을 내어, 시간이 지나면 그 사이로 풀이 자랄 수 있게 했다. 담 한쪽에 붙어 있던 연탄창고는 하나의 작품만을 위한 작은 전시 공간으로 되살렸다.

루치아의 뜰이 신발을 벗고 들어가 외갓집에서 쉬듯 편안하게 앉아서 쉬는 곳이라면, 요한의 초코루체는 어머니의 식탁에 둘러앉아 초콜릿을 혀로 굴리며 마당으로 쏟아지는 햇빛을 느끼며 꿈결처럼 낮잠을 잘 수도 있는 그런 공간이 되었다. 오래된 담을 사이에 둔 아내의 뜰과 남편의 마당은 차와 초콜릿의 향기를 풍기며 비밀스럽게 이어지게 되었다. 퇴락한 구도심의 비어 있던 집 두 채가 그렇게 가족이 함께하며 기억을 이어가는 따뜻한 집으로 다시 태어났다.

가족의
삶을
담아내다

완전하지 않은 가족 이야기

　고레에다 히로카즈是枝裕和라는 일본 영화감독의 이름은 예전부터 익히 들어 알고 그의 영화의 주제나 경향도 대충 들어 아는데, 정작 그의 영화를 한 편도 본 적이 없었다. 영화가 괜찮다는 이야기를 듣고 미적거리다 보러 가려 하면 상영관에서 내리는 일이 여러 번 반복되었다. 또한 내가 그렇게 열심히 영화나 화제가 되는 책을 챙기는 스타일이 아닌지라 그렇게 된 것도 있기는 하다.

따뜻한 가족 이야기가 주를 이룬다고 하는데, 자극적인 내용이나 화려한 스케일의 영화가 판의 주도권을 잡고 있는 요즘에도 유수한 영화제에서 수상을 했다기에 관심을 갖고 있었다. 특히 2018년은 〈어느 가족〉이라는 영화로 칸영화제에서 최우수상인 황금종려상을 받았다는 소식을 들었다.

역시 이번에도 극장에서는 그의 영화를 보지 못했고, 대신 추석 연휴에 마음을 먹고 저녁에 한 편씩 몰아보기로 했다. 무작위로 골라서 제일 먼저 본 것은 〈바닷마을 다이어리〉라는 영화였다. 사실 미리 영화에 대한 정보를 알고 본 것이 아니라서, 막연히 바닷가 마을에 사는 어부 가족의 일상을 다룬 것이 아니겠는가 그런 추측을 하며 보기 시작했다.

이 영화는 가마쿠라鎌倉라는 바다에 면한 도시가 배경인데, 그곳에 있는 오래된 집에 사는 세 자매가 나오며 시작된다. 어느 날 15년 전 외도 끝에 집을 나간 아버지의 부고를 받고, 아버지의 장례를 치르기 위해 기차를 타고 가지카자와鰍澤 온천지구로 찾아간다. 그곳에는 아버지와 고향을 떠났던 여자가 남겨놓은 딸과 이후 아버지가 다시 만난 세 번째 부인이 있었다.

아버지를 중심으로 아주 기묘한 인연의 사람들이 한자리에서 만난다. 세 자매는 이복동생에게 우리 모두 어른이니 너 하나는 감당할 수 있다며 같이 살자고 제안한다. 네 자매는 아버지가 남긴 오래되고 낡은 집에서 살아간다. 그리고 영화는 내내 그들의

영화 〈바닷마을 다이어리〉에서
네 자매는 아버지가 남긴 오래된 집에서 산다.
그들에게 집은 낡고 불편하지만,
떠날 수 없는 마지막 보루와 같은 곳이다.

일상을 느리게 보여준다.

가족이라는 오래된 테두리에 완전하지 않은 가족이 살고 있다. 영화적으로 대단한 기법이나 반전도 없으며 상처를 직접적으로 드러내지는 않지만, 영화는 보는 사람을 아프게 한다.

재혼을 하며 세 자매를 집에 놔두고 떠난 어머니가 오랜만에 돌아와 집을 팔아버리자고 한다. 그러자 큰딸이 어머니의 계획에 완강히 반대를 한다. 그녀에게 집이라는 것은 낡고 불편하지만, 떠날 수 없는 마지막 보루와 같은 것이다. 그리고 집을 떠난 아버지와 어머니를 대신해서 동생들을 키우고, 어떻게 보면 자신들을 불행하게 만든 아버지의 애인의 자식까지 거둔다.

이후 기나긴 연휴 동안 밤마다 고레에다 히로카즈의 영화를 보았다. 그러다 보니 쉰 날만큼 편수가 쌓였다. 〈태풍이 지나가고〉, 〈진짜로 일어날지도 몰라 기적〉, 〈걸어도 걸어도〉, 〈그렇게 아버지가 된다〉……

영화의 중심은 어김없이 가족이다. 그런데 그 가족은 좀 묘하다. 평범한 가족들이지만 평범하지 않다. 그리고 격렬한 갈등은 없지만, 편안하지 않고 특별한 화해와 애정이 폭죽처럼 터지지도 않는다. 고레에다 히로카즈의 영화는 무척 독특한 시선과 온도를 갖고 있으며, 말하는 속도는 느리지만 집중하게 만드는 힘이 있다.

〈태풍이 지나가고〉에는 이혼 상태의 부부와 아들이 할머니의 낡은 아파트에 찾아간 밤의 이야기다. 이곳 역시 낡았지만 강한 테두리인 가족을 상징하는 공간이 나오고, 태풍이라는 불가항력이 그들을 억지로 묶는다. 과연 가족이란 존재할 수 있을까 하는 생각을 던져준다. 〈진짜로 일어날지도 몰라 기적〉에서는 이혼한 부부가 두 형제를 각자 나눠서 키우고 있는데, 어린 형제는 부모의 재결합을 위해 노력한다.

〈걸어도 걸어도〉에서는 오래된 집에 사는 부모와, 이혼하고 아들을 키우는 여자와 결혼한 아들이 역시 오래된 집에서 만난다. 〈그렇게 아버지가 된다〉에서는 아들이 바뀐 두 부모가 나온다. 낡은 집과 낡은 제도, 어떻게 보면 현대에서 가족의 의미는 그런 모습으로 나타날 것 같다. 고레에다 히로카즈의 영화는 가족의 붕괴에 대한 성찰로 가득 차 있었다.

가깝지도 멀지도 않은 거리

예전에 무척 좋아하던 시가 있었다. 「가족 풍경」이라는 시인데, "형은 장자長子였다"로 시작해서 "형은 찢긴 와이셔츠처럼 웃고 있었다"로 끝나는 시다. 그런데 가족이라고 하면 반사적으로 피어오르는 느낌과는 조금 멀었고, 명절에 모인 서먹한 가족의 모습처럼 불편함이 가득 담긴 시였다.

사실 어떻게 보면 가족이라는 개념은 국가라는 개념처럼 사람들에게 강요되고 있는 허상일지도 모른다는 위험천만한 생각을 가끔 한다. 집이 변하고 가족이 변한다. 시대가 바뀌며 자연스럽게 집이나 가족이나 친척의 개념이 바뀌는 것인데, 그에 따라 기능이 달라지거나 축소되고 확장되며 각자의 개성에 맞는 집이 생긴다.

가령 예전의 집의 중심인 대청이나 현대의 거실은 그 기능이 희미해지며, 이러지도 못하고 저러지도 못하는 '뒷방 노인네' 같은 신세로 변하고 있다. 그 이유는 많은 사람이 모여야 하는 집안 행사가 사라지고 있고, 가족이 모여서 같이 보던 텔레비전의 기능이 스마트폰이나 각자의 컴퓨터로 이동했기 때문이다.

반면 부엌이나 식당은 단지 음식을 만드는 일을 하는 공간에서 가사의 중심이자 가족들이 유일하게 모이는 집의 중심이 되는 공간으로 점점 그 의미가 커지고 있다. 가족이 같은 공간에 있지만 모이는 경우가 드물게 되면서 새로운 행태에 적합한 집을 궁리하기 시작했다.

가족의 테두리가 느슨해지면서 1~2인 가구가 늘어나고, 혹은 예전의 핵가족보다 더욱 단출해진 가족이 집에서 산다. 우리가 먼 미래의 주거 형태로 예상하며 우스갯소리로 떠들었던 것이 현실로 급속히 전개되고 있는 것이다.

집이라는 명사를 모르는 사람은 없을 것이고, 가족이라는 명사를 모르는 사람도 없을 것이다. 또한 집이나 가족은 인간의 삶에서 가장 기본이 되는 배경이다. 나는 그 두 개의 명사가 인간의 최후의 보루라고 생각한다.

그러나 변화의 폭이 커지고 양상을 예측하기 힘들게 됨으로써 사람들은 당황하고 허둥댄다. 누가 '일정한 시점에 세상의 가족은 변하고 있습니다. 이런 정도로 가족의 개념을 보정하십시오'라고 이야기하는 것이 아니기 때문이다. 그래서인지 신문이나 방송에서도 계속해서 가족의 변화와 그에 따른 인간의 고독과 곤란에 대해 취재하고 자세하게 보여준다.

최근에 세 곳에 집을 완성하며, 이 집들을 통해 이 시대의 가족 유형에 대해 생각했다. 강원도 원주에 지은 집은 주말부부로 살던 남편이 은퇴하며 먼저 머물게 된 집이다. 서울에 직장이 있는 부인은 가끔 오다가 나중에 합류할 예정이었다. 부부 사이는 좋지만 떨어져 있던 시간이 많았던 부부의 집을 짓기 위해 이야기를 나누다 보니 각자의 취향이 확연하게 다르다는 것을 알게 되었고, 이 때문에 부인채와 남편채를 따로 만들었다. 우리 주거의 오랜 방식이기도 한데 지금은 조금 낯설다.

단순하고 약간은 서양식 아름다움을 추구한 남편채와 안쪽에 들어가 있으며 한식 공간을 지향하고 있는 부인채, 이 집은 그런 큰 구성에서 시작했다. 그리고 부부가 한 대지 안의 다른 채에서 각자 자기 일을 한다는 것, 즉 가족 간의 일정한 거리와 각자의

강원도 원주에 지은 집은 부부의 취향이 확연하게 달라
단순하고 약간은 서양식 아름다움을 추구한 남편채와
한식 공간을 지향하는 부인채를 따로 만들었다.
ⓒ박영채

전남 구례에 지은 집은 곁에서 보면 2층집이지만
4개의 레벨을 가진 집이다.
즉, 반 층씩 물린 4층의 집으로
할머니의 공간, 가족의 공간, 부부의 방과 아이의 방,
남편의 공간이자 취미를 위한 공간이 있다.

ⓒ박영채

영역 확보가 이 집의 가장 큰 줄거리였다. 이런 형태는 앞으로 우리의 주거 문화를 끌고 갈 중요한 이슈라고 생각한다.

전남 구례에는 부부와 아이와 외할머니, 3대가 사는 전통적인 가족을 위한 집을 지었다. 바깥에서 보면 2층집이지만 약한 경사가 있는 땅의 조건을 이용한 수직으로 4개의 레벨을 가진 집이다. 즉, 반 층씩 물린 4층의 집으로 만들어 가장 현관에 가깝고 땅과 가까운 곳에 할머니의 공간을 만들고 반 층 올라간 집의 중간에 가족의 공통 공간인 거실과 식당과 주방을 만들었다. 반 층 위에 부부의 방과 아이의 방이 있고, 다시 반 층 오르면 남편의 공간이자 취미를 위한 공간이 있다.

그리고 거실 앞에 손님이 오면 묵을 수 있는 별채를 만들었다. 가족들의 공간이 각자의 프라이버시를 지킬 수 있도록 분리되어 있지만, 서로 시선이 맞닿는 곳에서 교감을 나눌 수 있도록 적당한 거리를 갖도록 한 것이다.

변화하는 가족과 집의 풍경

경기도 양평에는 서울에 직장을 둔 30대 부부와 네 살짜리 아들, 세 식구가 사는 집을 지었다. 어찌 보면 요즘 가장 일반적인 가족의 형태다. 육아를 위해 재택근무를 하게 된 아내를 위한 작업 공간과 상상력이 풍부한 아이를 위한 공간에 대한 배려와 더불어, 처음에 만났을 때 들은 '안전한 집'을 설계해달라는 이야기가 무척 인상 깊었다.

그렇다면 무엇으로부터 우리를 보호해야 하는가? 자연으로부터인가, 인간으로부터인가, 혹은 가족으로부터인가? 생각이 꼬리를 물고 이어졌다. 인간에 대한 위협은 끊임없이 바뀐다. 내세에 대한, 추위와 더위에 대한, 자녀의 교육에 대한, 시대에 뒤떨어짐에 대한 수많은 공포는 장사꾼들에게는 매상을 올리기 위한 더없이 좋은 도구 노릇을 해준다. 우리를 늘 쫓기는 신세로 만들고 우리가 열등하다고 느끼게 만들며 우리를 잠도 못 자게 볶아채는 것이 얼마나 많은가.

그러나 그런 외부의 문제보다 가족 내부의 문제가 불거질 때 더 괴롭다. 나와는 다른 존재가 나와 같이 살기 때문에, 처음 가족을 이루고 성장하는 오랜 과정에서 언젠가 자기 자신에 대해 눈을 뜨고 각자의 다름이 충돌할 때 문제가 시작된다. 겨우내 덮여 있던 하얀 눈이 봄이 되며 녹아내리면서 그 아래 깔려 있던 여러 가지의 색깔이며 존재가 드러나듯 예측할 수 없는 문제들이 생기는 것이다. 그런 변화에 대한 막연한 두려움 또한 과연 집이 막아주고 받아줄 수 있을까?

'안전한 집'이라는 화두를 고민하면서, 일단은 집 주위로 몇 개의 겹을 만들어 실제적인 담이 되기도 하고 심리적인 안정감

경기도 양평에 지은 집은 가장 오랜 시간 집에 머무는
아내를 위해 거실 옆에 작은 다실 겸 공부방을 만들었고,
계단을 오르면 2층 아들 방으로 통하는 다락방을 만들었다.

ⓒ박영채

을 줄 수도 있도록 했다. 그리고 그 안에 가족을 위한 공간을 만들었다.

애초에 집 지을 땅이 두 개의 레벨로 나뉘어 있었기 때문에, 주차장과 집 중간에 걸쳐진 마당에 대문을 두어 외부의 접근을 한 번 걸러주었다. 집의 외벽에서 연장된 담을 지나 들어오면 손님방과 연결된 아늑한 대청마루가 있어 안마당과 뒷마당을 자연스럽게 연결해준다. 손님들은 집 안으로 깊숙이 들어오지 않고도 외부 공간과 마루 등에서 머물 수 있다.

내부는 단절된 듯 통한다. 1층에는 거실과 손님방, 주방이 있으며 한 단 아래 바닥 높이에 변화를 준 거실이 있다. 2층으로 올라갈 때 사용하는 보이는 계단과 숨겨진 계단 두 개가 있는데, 다락으로 이어지는 계단은 가장 오랜 시간 집에 머무는 아내를 위해 만든 작은 다실 겸 공부방 뒤에 숨겨놓았다.

그 계단을 오르면 2층 아들 방으로 통하는 다락방이 나오고, 아들 방을 통하면 집은 다시 부부의 방과 욕실 등 집의 주요 공간으로 이어진다. 네덜란드 판화가 마우리츠 코르넬리스 에스허르 Maurits Cornelis Escher의 계단 그림처럼 숨겨지면서도 유기적으로 이어지는 공간은 복잡하지만 안도감을 준다. 단절과 연결이 공존하는 이 집에서 독립적이면서도 끊임없이 만날 수 있는 동선을 통해 가족들의 유대가 더 깊어지도록 했다.

세상의 모든 것은 변한다. 부처님의 마지막 남긴 말씀도 "세상은 변한다. 더욱 정진하라"가 아닌가. 그런 세상의 이치가 가족까지 해당되는 줄 몰랐거나 인정하지 못했기 때문에 문제가 생겨나는 것이라고 생각한다. 변화는 우리가 선택할 문제가 아니다. 무르익은 봄에는 여름이 있고, 여름이 다 닳으면 가을이 되듯 사람이 사는 공간이나 형태도 계속 변화한다.

그런 변화에 대한 두려움을 당연한 것으로 받아들이고, 달라진 환경에 대응하는 가족의 풍경이 어떤 모습으로 그려질지 그리고 어떤 방식으로 그런 풍경을 담는 집을 만들어갈지 꿈꾸는 것은 어렵고도 즐거운 일이다.

삶의
여백을
즐기다

우리는 왜 불안해하는가?

'창조적 사고'가 시대의 화두다. 그러나 창조적인 사고 혹은 창조적인 능력이라는 것이 단순히 학습하고 암기하고 시험을 치르며 키워지지 않는다는 것이 문제다. 그래서 모든 능력은 학원을 통해서 이루어진다고 믿는 이 시대의 한국인은 무척 곤혹스럽다.

우리의 문제는 도를 넘는 과잉학습에 있다고 생각한다. 창조적인 능력은 사고에 여백이 있을 때, 다시 말해 심심할 때 키워지

고 강화된다고 믿고 있다. 그런 관점으로 볼 때 우리의 환경에서는 창조적인 인재가 자라나기 쉽지 않다. 나는 지금과는 사뭇 다른 환경에서 성장했고, 우리 집 아이들을 교육시킬 때도 그런 신념을 지켰다.

우리 집에는 아이가 둘이 있다. 사실 아이라 하기에는 좀 어색한 스물이 넘은 '다 큰 아이들'인데, 줄곧 사교육을 시키지 않고 키웠다. 곧잘 무공해 유기 재배했다고 농담 삼아 이야기하는 대로 완전 공교육만으로 키웠다. 가장 일반적이고 정상적인 교육 방법이지만, 주위에서는 우리의 교육 방법을 비정상적이라 이야기한다.

학교를 마치면 오후에 집으로 돌아오고, 밤이 되어 잠을 잘 때까지 빈둥거리는 것이 아이들의 일이었다. 이런저런 게임도 하고 관심사를 검색도 하고 그림도 그린다. 어찌 보면 나의 어린 시절과 별반 다를 것이 없다. "불안하지 않은가?" 이렇게 주위에서 물어본다. 그것이 왜 불안해야 하는지 모르는 것은 아니지만 사실 나는 우리 아이들보다 빈둥대며 어린 시절을 보냈고, 그 시절의 기억이 그리 나쁘지 않았기 때문에 불안하지 않다.

시대가 바뀌었다고 이야기하지만 그때나 지금이나 사람이 사는 것은 똑같다. 일을 하면 피곤한 것도 똑같고, 공부가 싫은 것도 똑같다. 무엇이 달라졌다고 필요 이상으로 선행학습과 과잉 학습을 하면서 살아야 하는 것일까?

'여백이 없는 삶이야말로 정말 불안한 삶이 아닌가!' 혼자 궁시렁거린다. 나는 무료함을 즐기며 살아왔다. 어린 시절 공부를 그다지 열심히 하지 않았기 때문에 심심하게 빈둥거리다 싫증이 나면 버스를 타고 서울을 한 바퀴 돌기도 하고 박물관이나 고궁에 가서 앉아 공상을 하다가 오기도 했다.

그런데 그때 그렇게 빈둥거렸던 것이 지금의 나의 일, 즉 건축 설계를 하는 데 큰 도움이 되고 있다. 그런 경험에서 어떤 직접적인 지식을 얻은 것은 아니지만, 생각의 기울기와 공상을 현실로 치환하는 나름의 요령이 생겼다고 본다.

고등학교 시절을 그렇게 보내고 졸업을 한 뒤 자의반 타의반 빈둥거리는 백수건달 생활을 몇 년 한 후에 대학에 들어갔으니 주위에서는 어떤 심정이었는지 잘 모르겠지만 나의 생활은 그야말로 기름이 자르르 흐르는 윤택함 그 자체였다. 그 시절 내가 가장 많이 갔던 곳이 경복궁 언저리였다. 궁에 들어가서 이런저런 집을 구경하기도 했고, 중앙청 자리로 옮긴 국립중앙박물관에 가기도 했고, 향원정香遠亭 뒤에 있었던 누런 타일 건물로 된 국립민속박물관도 자주 갔다.

지금은 관광객이 제법 많지만 그 당시 경복궁은 아주 한적했고 국립중앙박물관은 더욱 한적했고 국립민속박물관은 더더욱 한적했다. 어디를 가나 복잡한 서울에서 그렇게 조용한 곳이 있다는 사실은 신기했고 깊은 바닷속처럼 아늑했다. 국립민속박물

창덕궁 연경당은
임금이 사대부의 생활을 경험하며 쉴 수 있는 공간이다.
왼쪽이 연경당이고, 오른쪽이 선향재다.

관에 평일에 가면 관람객은 나 혼자일 때가 많았다. 실물 크기의 밀랍 인형들이 즐비한 사극 세트처럼 꾸며진 사랑방·안방·시장 통을 거닐며, 그곳에 전시된 유물과는 아무 상관없는 수많은 공상을 하며 그 안에서 유영을 했다.

성의 없이 건성건성 한 바퀴 돌아보고 마지막으로 나오는 곳은 관람을 시작했던 큰 홀이었다. 그 홀에는 큰 전시물이 있었는데 어떤 한옥 건물의 모형이었다. 실제처럼 기둥, 마루, 기와, 정자가 아주 섬세하게 만들어진 모형이었는데, 그 집은 바로 임금이 사대부의 생활을 경험하며 쉴 수 있도록 만들었다는 창덕궁 연경당演慶堂이었다.

권위를 벗어놓고 여백을 즐기다

창덕궁은 조선의 궁궐 중 가장 원형이 잘 보존되어 있고, 가장 오랜 기간 임금들이 거처했던 궁궐이다. 경복궁의 동쪽에 있다 하여 일명 동궐東闕이라고도 부르는데, 임진왜란 때 전소된 것을 1611년(광해군 3)에 중건해서 고종이 경복궁을 중건하기까지 정궁正宮 역할을 했다. 자연적인 지형을 잘 살려 건물을 배치한 데다 원래 지어진 모습이 많이 보존되어 있고 또 정원이 아름다워 1997년 유네스코 세계문화유산으로 선정된 궁이다.

지금이야 좀더 자유롭게 들락거릴 수 있는 궁궐이지만, 내가 빈둥거리던 1980년대 초반에는 여러 가지 시답지 않은 이유로 일반인의 관람이 금지되었던 곳이다. 그래서 더욱 신기하고 귀한 장소였다. 나는 유리 덮개 위에 코를 박고 연경당의 모형을 오랫동안 들여다보았다.

높은 솟을대문이 있고 그 문을 들어서면 가로로 긴 마당이 나오고 두 개의 문이 나온다. 일단 오른쪽 문으로 들어간다. 마당이 보이고 사랑채와 선향재善香齋가 보이고 그 뒤로 높은 언덕에 농수정濃繡亭이 보인다. 연경당에 들어가서 두리번거리며 직접 건물을 구경하고 공간을 즐기는 것처럼 생생했다.

국립민속박물관에 갈 때마다 그 앞에 오래 머문 채 답사를 즐겼다. 그러면서 언젠가 저 집에 꼭 들어가고야 말겠다고 생각했다. 그런 소망은 몇 년 후, 슬그머니 창덕궁에 대한 일반인 출입이 허용되며 이루어졌다. 창덕궁을 시간제로 개방하게 된 것이다. 1시간 간격으로 안내원의 뒤를 졸졸 쫓아다니며 구경하는 것이었는데 제일 마지막 코스가 연경당이었다.

궁궐을 구경하고 언덕을 넘어 조선시대에 과거시험을 보았다는 주합루宙合樓 마당을 지나고 통돌로 만들어놓은 불로문을 지나면 대문인 장락문이 보인다. 내가 모형을 통해 보았던 광경이 현실에서 펼쳐졌다. 위인전으로만 만났던 이순신 장군을 현실에서 만나는 듯한 감동이 일었다.

사랑채로 들어가는 장양문은
벼슬이 높은 대신들이 수레나 사인교라 부르는 가마를 탄 채로
드나들기 위해 솟을대문으로 만들어졌다.

연경당은 1828년(순조 28)에 지어진 120칸의 건물이다. 효명세자(익종)가 순조와 순원왕후를 위한 잔치를 베풀고자 지었다고 하며, 당시 최고의 경지에 있던 기술자들이 동원되어 지은 최고의 건축물이다. 궁 안에 있음에도 규모가 일반 사대부가의 형식을 빌려 단청도 없고 구성도 행랑채, 사랑채, 안채 등이 연결되는 구조로 되어 있다.

벼슬이 높은 대신들이 수레나 사인교라 부르는 가마를 탄 채로 드나들기 위해 지붕을 번쩍 높인 대문을 솟을대문이라고 하는데, 연경당의 대문도 당연히 솟을대문이다.

이 대문을 지나면 행랑채가 한 번 더 나오고 각각 사랑채와 안채로 통하는 출입문이 따로 나 있다. 안으로 들어서면 정작 두 건물이 붙어 있어서 내부로 서로 드나들 수 있게 되어 있다. 사랑채로 통하는 대문은 솟을대문인데, 안채로 통하는 문은 담과 높이가 같은 평대문이다.

사랑채 대문을 들어서면 아주 단정하고 품위가 있는 집을 만나게 된다. 바로 이 사랑채의 이름이 집 전체의 이름을 일컫는 연경당이다. 정면 6칸, 측면 2칸, 뒷면 2칸으로 오른쪽 끝의 1칸은 누마루로 되어 날렵하게 올라간 모습이다.

사랑채의 동쪽에는 책을 보관하는 독서당인 선향재와 정자가 있고, 안채는 10칸으로 대청과 방 등이 포함되어 있고, 별도의 부엌과 각종 허드레 공간이 있다. 보통 일반적인 집에는 안채에 불

연경당 동쪽에는 책을 보관하는 선향재가 있다.
선향재는 '좋은 향기가 서린 집'이라는 뜻으로
여기에서는 '책 향기'를 말한다.

을 때는 아궁이가 있는 부엌이 있지만, 이곳은 궁궐이다 보니 부엌은 따로 없다. 집의 전체 규모는 100칸이 넘지만, 규모로 따지자면 임금이 머무는 공간으로는 작다고 할 수 있다. 하지만 이곳은 임금이 권위를 잠시 벗어놓고 피로를 풀면서 여백을 즐기는 데는 충분했을 것이다.

생활이 비대해지고 욕망에 휩쓸리고

혼히 100칸 집은 이처럼 임금만이 지을 수 있었다는 이야기를 한다. 실제로 조선시대에는 신분에 따라 지을 수 있는 집의 규모를 아예 정해준 법이 있었다. '가사규제家舍規制'라는 제도가 그것이다. 『조선왕조실록』을 보면 1431년(세종 13)에 맹사성 등과 조정의 대신들이 모여 집의 크기에 대해 의논하는 장면이 등장한다. 집의 크기에 제한을 두지 않았더니 서민의 집은 양반의 집처럼, 양반의 집은 궁궐처럼 지어져 서로 사치를 한다며 걱정하는 내용이다.

그래서 그때부터 왕의 친아들, 친형제와 공주는 집의 규모를 50칸 이내로 짓도록 하고, 왕의 적자인 대군大君은 여기에 10칸을 더해서 60칸까지 허용한다. 대신들은 그 직급에 따라 2품 이상은 40칸, 3품 이하는 30칸으로 하고, 서민은 10칸을 넘지 못하게 했다.

또 기둥을 받치는 주춧돌을 제외하고, 집에 석공이 다듬은 돌 (숙석熟石)을 쓰지 못하게 했다. 또한 화려한 장식을 위한 장치, 예를 들면 화공花拱(대들보를 받치는 끝부분을 꽃모양으로 장식하는 것)과 진채眞彩(진한 채색)·단청丹靑(옛날식 집의 벽, 기둥, 천장 따위에 여러 가지 빛깔로 그림이나 무늬를 그리는 것)도 금지했다.

그랬더니 이번에는 제한된 칸수 안에서도 집을 키우기 위해 칸의 크기를 늘리는 편법을 썼다. 그래서 1440년(세종 22)에 다시 칸수 외에도 집에 덧붙여지는 누樓의 칸수와 정침正寢(거처하는 곳이 아니라 주로 일을 보는 곳으로 쓰는 몸채의 방)·익랑翼廊(대문의 좌우 양편에 이어서 지은 행랑), 그 밖에도 건물에 따른 1칸의 크기와 기둥의 높이 등을 정해주었다고 한다.

조선시대 때 목공과 건축에 사용했던 자인 영조척營造尺의 단위로 재면, 1칸의 폭은 약 3미터 내외다. 공주 이상의 집은 1칸 크기가 기둥 높이 3.9미터, 기둥과 기둥을 연결하는 구조재인 보의 길이는 3미터 내외로, 서민의 집은 기둥 높이 2.1미터, 보 2.1미터 내외로 제한선이 정해졌다. 그러니 같은 칸수라도 서민의 집이 왕족의 집 규모의 3분의 2 정도였던 것이다. 이 기준은 이후 자세하게 구분되기도 하고 일부는 풀어주기도 한다.

그렇게까지 했는데도 규정을 위반하고 왕족이나 양반들이 집을 더욱 크게 지었다가 적발되는 경우가 흔했던 모양이다. 힘이 있고 돈이 있어서 짓는 것을 왜 굳이 문제 삼았느냐면, 큰 집을 지으려면 넓은 땅을 확보해야 하니 서민들이 사는 집 여러 채를 허물어버리는 경우도 있었고, 산의 나무를 많이 벌채해서 가뜩이나 부족한 자원을 낭비할까봐 그랬다고 한다.

중종 때도 제도를 어긴 집들을 철거하자는 건의가 올라왔는데, 대상이 되는 집이 280채나 되었다고 한다. 그러자 재상인 정광필鄭光弼이라는 사람이 나서서, 법을 어겼으니 당연히 헐어야하겠지만 사람들이 몇 년간 편안히 살아온 데다 2~3칸 정도 제한을 넘었다고 해서 적발된 집들을 다 헐어버리면 인심이 나빠지지 않겠느냐며, 지나치게 크게 지은 사람 위주로 처벌하는 게 어떻겠느냐고 건의한다.

헐어야 할 집이 몇 백 채나 된다는 것은 대부분의 대신들이 법을 어겼다는 것이다. 그 배경에는 당시에 대신들의 도움을 받아 연산군을 몰아냈던 중종의 목소리가 그만큼 약했던 탓도 있었을 것이며, 제도를 어긴 정도를 판단하는 기준이라는 것도 분명하지 않았다고 한다.

하지만 나중에 실록을 쓰는 사관이 거기에 요즘 식으로 이야기하자면 답글 같은 것을 적으면서 "대신이 의논을 올리는데 어찌 감히 구차하게 남의 입을 두려워하는 것에만 마음을 쓴단 말인가? 뒤에 반정의 공신인 안당安瑭이 집을 짓는 데 돌기둥을 사용해 매우 굉장했으니, 청렴하고 검소하기란 참으로 어렵구나!"

큰 집을 짓고 과시하려고 했다는 것을 보면
외향의 화려함은 인간의 본성 어딘가에 잠재해 있는 듯하다.
그럴 때마다 창덕궁 가장 깊은 곳에 시간이 정지된 듯
심연에 가라앉아 있는 연경당을 떠올린다.

하고 탄식했다고 한다.

진정한 학자들은 3칸 집에서 소박하게 살면서도 우주를 보았다. 그런데 신분이 높은 사람일수록 자꾸만 큰 집을 짓고 과시하려고 했다는 것을 보면 내면보다는 외향의 화려함으로 가치판단을 하려고 했던 경향은 인간의 본성 어딘가에 잠재해 있는 모양이다.

집이 비대해지고 생활이 비대해지는 데에 대한 고민은 예나 지금이나 마찬가지다. 모든 일은 운용되다 보면 과잉으로 흐르기 쉽다. 우리의 인생이 그렇고 우리의 사고가 그렇고 집 또한 그렇다. 바람 막아주고 비 막아주고 가족이 즐겁게 살면 되는 것이 집인데 점점 과시를 하게 되고 비대해진다. 그런 생활과 욕망에 휩쓸리다가 문득 여백이 사라진 우리의 생활을 보게 된다. 그때 나는 창덕궁 가장 깊은 곳에 시간이 정지된 듯 심연에 가라앉아 있는 연경당을 떠올린다.

모든 공간은 각기 독립적이면서 느슨하지만 끊어지지 않고 엮여져 있으며, 여백으로 내용을 채운 연경당은 발상과 내용 모두 삶의 여백을 지향하는 공간이다. 우리에게 진정 필요한 것은 그런 여백인지도 모른다.

평온한

　　　아름다움을

간직하다

집은 일상복처럼 편안해야 한다

건축 강연을 하거나 혹은 건축에 관심이 있는 사람을 만나 이
야기를 나누다가 가장 많이 듣게 되는 질문은 "좋은 집은 어떤 집
인가요?"가 아니다. 애석하게도 "집을 짓기 위해 돈이 얼마나 드
나요?"(사실은 "평당 얼마예요?")라는 질문을 가장 많이 듣는다.

물론 이 질문이 크게 잘못된 것은 아니다. 그러나 우리 사회
에서 자본주의가 극단적으로 전개되다 보니 집의 의미가 돈과 결
부되는 여러 가지 조건과 환금성, 투자 가치 등으로만 환산되는

것 같아 씁쓸해지는 것도 어쩔 수 없다.

그래서 집이란 그런 의미가 아니고 우리의 삶을 담는 아주 소중한 곳이고 하는 이야기로 대답을 끌어내면, 고개를 끄덕이면서도 '그래서 대체 얼마가 드는데?' 하는 표정으로 쳐다본다. 참으로 우울해지다가 결국은 슬퍼지는 우리 현실이다. 나는 사람들이 지루해할 것을 뻔히 알면서도 기회가 되면 늘 이야기한다.

"건축은 산업이기도 하고 공학이기도 하지만, 근본적으로는 문화입니다. 그중에서도 집이란 문화로서의 건축에서도 가장 활짝 피어나는 꽃이며 정화精華이기도 하고요."

문화라는 것, 혹은 요즘 사람들이 좋아하는 인문학이라는 것 또한 알고 보면 그저 사람의 이야기일 뿐이다. 그래서 문화란 편안한 것이고 매우 유쾌한 것이다. 어쩌다 간혹 성의 있는 사람이 "어떤 집이 좋은 집인가요?" 하고 물어오면 나는 서슴없이 이야기한다. "좋은 집은 가족의 생활이 담기는 집, 일상복처럼 편안한 집"이라고 말한다.

집이란 우리 생활이 담기는 곳이고 그러므로 편안해야 한다. 집은 우리가 앉거나 누워서 쉬기도 하고, 책을 읽기도 하는 곳이다(실은 대개 텔레비전을 본다). 그런 공간에서 빳빳하게 다려낸 듯한, 이를테면 유명 디자이너가 패션쇼 무대 위에서 걸을 때 입는 용도로 디자인한 옷을 입을 수는 없지 않겠는가. 집이란 우리에게는 무릎 나온 트레이닝복처럼 헐렁하고 편안해야 한다.

세상에는 수많은 집이 있다. 역사에 길이길이 남는 집도 있고, 모든 사람이 꿈꾸는 집도 있고, 돈으로 쌓아놓은 듯한 집도 있다. 20세기 현대건축을 열었다고 평가되는 프랑스 건축가 르 코르뷔지에Le Corbusier가 지었다는 '빌라 사보아'는 현대건축의 새로운 어휘를 정립한 걸작이다. 지금도 수많은 관광객과 건축가가 끊이지 않고 찾아가는 집이지만, 시공상의 여러 문제로 정작 집주인은 그리 행복하지 못했다고 한다.

미국의 대표적 건축가인 프랭크 로이드 라이트Frank Lloyd Wright가 설계한 '낙수장' 역시 미국의 보물로 여겨지고 많은 사람이 찾아가는 명소다. 새로운 건축의 지평을 열어준 집이지만, 집의 설계를 의뢰한 건축주인 에드거 카우프만Edgar Kaufmann이라는 사람은 시끄러운 폭포 소리와 실험적 건축의 대가로 생긴 크고 작은 문제로 골머리를 썩였다고 한다.

역사에 길이 남고 건축의 영원한 고전으로 추앙받는 이 집들은 '좋은 집'일까, 아니면 나쁜 집일까? 그것도 아니면 그저 고약하고 못된 집일까? 과연 우리는 어떤 곳에 가치의 기준을 맞춰야 할까?

이런저런 역사적 의미나 건축적 성과를 떠나서 나만의 기준으로 이야기하자면, 나는 길옆으로 들꽃처럼 피어난 집들을 좋아한다. 말하자면 어느 동네에나 흔히 있는 민가들, 어떤 특정 시대의 양식이 존재하는 것이 아니라, 대부분 동네 사람들이 품앗이

프랑스 건축가 르코르뷔지에가 지은 '빌라 사보아'는
수많은 관광객과 건축가가 끊이지 않고 찾는 집이지만,
정작 집주인은 그리 행복하지 못했다고 한다.

하며 동네의 노동력으로 지은 집이다. 그러나 이 집에는 생활에 대한 애정과 삶에 대한 진지한 자세와 생각이 스며 있다. 이 집은 거칠고 순박하지만 마음을 흔들어대는 감동을 준다. 나는 그런 건축, 일상이 만들어내는 그런 집들을 위대한 건축이라고 생각한다. 그것이 그대로 문화이며 그대로 인문학이기도 하다.

가장 오래된 살림집

경북 영주 부석사에 들어가기 위해서는 입구에 크게 조성된 사하촌에서 차를 내려야 한다. 주차장에서 부석사로 올라가기 위해 큰길로 나서면 건너편 언덕에 지어진 허름한 집 한 채를 볼 수 있다. 3칸 한옥으로 보이는데 자세히 보면 오른쪽 1칸 위에 사방을 유리로 막은 방이 얹혀 있다. 그리고 지붕은 얇은 철로 된 골강판을 얹었고, 벽체의 구성이나 재료도 전통 한옥의 재료가 아니다. 이를테면 한옥도 아니고 일본집도 아니고 그렇다고 서양식도 아닌 그냥 '동네 집'일 뿐이다.

지금은 사람이 살고 있지 않은 것 같았고 그냥 언덕에서 혼자 심심하게 길 건너 번화한 상점들을 내려다보고 있을 뿐이다. 그런데 나는 이 집이 너무 마음에 들어 볼 때마다 넋을 놓고 쳐다본다. 마음 같아서는 경제적으로 허락된다면 이 집을 사서 고치고

경북 영주 부석사 사하촌 입구의 집은
'일상의 건축'을 보여준다.
어떤 작위나 허세도 없이 오로지
생활과 일상의 힘으로 지어낸 집이다.

다듬어 같이 살고 싶다. 이 집이야말로 어떤 작위나 허세도 없이 오로지 생활과 일상의 힘으로 지어낸 집이라고 생각한다. 그래서 나는 저작권의 양해도 없이(양해를 구하려고 해도 저작권의 주체를 찾지 못했다) 이런저런 요소를 가져다 내가 설계하는 집에 인용하기도 한다.

사람의 일생이란, 좀 거창하게 이야기하자면 인류의 역사란, 하루하루의 일상이 쌓아올려져 만들어지는 것이라고 생각한다. 그래서 우리의 하루, 아무런 역사적 사건이 없이 지나가는 그저 그런 하루하루의 일상은 위대하다. 그리고 그런 일상이 스며든 건축 또한 위대하다. 단지 우리가 너무 가까이 살고 있어 그 크기를 알 수 없을 뿐이다.

우리의 생활이 담기는 일상의 집과는 조금 다른 집이 있다. 종갓집, 그 집은 일상과 상징이 동시에 담긴다. 상징이란 다름 아닌 집안의 정신이며 집안의 이야기에 관한 것이다. 그래서 종갓집은 시간의 거센 파도에도 단단한 껍질을 두르고 버티고 있으며, 타임캡슐처럼 몇 백 년 동안 전해지는 집안의 정신과 이야기를 담고 있다. 조상에게 올리는 제사를 위해 존재하는 집이면서도 일상이 공존하는 곳, 지금은 많이 사라지기는 했지만 그래도 여전히 희미하게 그 명맥을 유지하고 있다.

나는 그중 가장 오래된 곳을 알고 있다. 경주 양동마을의 가장 깊은 곳에 있는 '서백당'이라는 집인데, 내가 가장 좋아하는 집

가장 오래된 살림집인 서백당은
시간의 거센 파도에도 단단한 껍질을 두르고 버티며
몇 백 년 동안 전해지는
집안의 정신과 이야기를 담고 있다.

이기도 하다. 서백당은 양동마을에 있는 월성 손씨 집안의 종택
宗宅이다. 입향조入鄕祖(어떤 마을에 맨 처음 들어와 터를 잡은 사람 또
는 그 조상)인 손소孫昭가 세조 때 '이시애의 난'을 평정한 공을 세
우고 청송 본가에서 처가가 있는 양좌동으로 들어오면서 지은 집
이라고 한다.

　손소가 세조 때 사람이니 이 집은 우리가 아는 살림집 중 충
남 아산에 있는 '맹씨행단' 다음으로 오래된 집이다. 전해지는 말
로는 성종 15년에 지어졌으니 서기로 환산하면 1454년, 지금부
터 560여 년 전에 지은 집이다. 사실 맹씨행단은 지금 살림집으
로 쓰이지 않고 있고 더군다나 집의 일부만 전해지므로, 서백당
이 가장 오래된 살림집이라고 주장해도 무리가 없다.

　집의 구성은 한국의 살림집에 흔한 'ㅁ'자 형식의 평이한 집이
다. 그런데 종갓집에 적용하기에는 흔치 않은 구조다. 듣자 하니
임진왜란 이전에 지어진 집 중 남은 집이 손가락으로 세면 몇 개
가 남는다고 하니 참 귀한 집이다. 더군다나 사람들이 아직도 남
아서 마당 쓸고 마루 닦고, 사랑마루 난간에 기대앉아 손님을 맞
이하는 집이니 더욱 귀한 집이다. 집의 이름도 '참을 인忍 자를 백
번 써라' 하는 뜻을 지닌, 단순하고도 명쾌하지만 범접할 수 없는
위엄이 느껴지는 집이다.

엄숙함과 평온함이 공존하다

답사를 다니다 보면 때로는 집의 구성이나 역사 그런 것들보다 그 집주인이 친절하거나 불친절하거나 하는 아주 주관적이고 개인적인 감정이 개입될 때도 많다. 그런데 이상하게도 서백당에 대해서는 받은 것도 없이 호감이 가고 심지어는 고개가 저절로 숙여지기도 한다.

서백당은 가장 훌륭한 구성을 가진 옛집임에도 비슷한 비중의 집들과는 다르게 국보라든가 보물이라든가 하는, 나라에서 '이 집은 꼭 지킵시다' 하는 딱지를 붙이지 않은 집이다. '까짓 보물이라든가 하는 딱지가 뭐 그리 중요하냐'고 하는 사람도 있겠지만, 그래도 내가 보기에는 그런 대접은 꼭 받아야 하는 집인데 왜일까 하는 궁금증이 갈 때마다 드는 것은 사실이다.

서백당은 문턱을 넘어설 때 만만하면서도 다채로운 축대가 보이고, 그 옆으로 가다가 끊긴 담이 하나 있어 눈이 그리로 쏠릴 즈음 흔쾌히 사당이 나타난다. 혹은 담담하고 대범한 난간 뒤로 꺾이는 공간으로 각도를 틀 때, 안채로 향하는 좁지만 위태롭지 않은 길이 보이고 바로 안채로 흘러 들어가는 중문채가 보인다.

견고한 네모로 만들어진 안채는 입체의 귀퉁이를 쭉 잡아 빼놓은 사랑채로 공간에 숨을 불어넣고, 이 사랑채는 모서리로 집을 마주하고 있다. 집에 들어설 때 입체의 정수리를 만나는 것 같

서백당은 엄숙함과 평온함이 공존하는 집이자
만만하지 않은 집이다.
그 평이함 속에 고귀함을 담고 있으나
절대 남에게 그 고귀함을 강요하지는 않는다.

은 느낌이 든다. 이 난간에 서백당의 종손이 기대앉아 우리를 내려다보며 "어디서 오셨는데요?" 하고 인사를 건넸다.

몇 년 전 여름 한참 더운 날의 일이었다. 서백당을 찾아갔더니 마침 집안의 어떤 젊은이가 결혼을 했는지 한복 입고 색시 데리고 와서는 마루에 그간의 사정을 풀어놓고 인사 드리느라 집안이 시끌시끌했다. 마당을 건너다 보니 사람들이 모여서 즐겁게 이야기를 하고 있었다. 불쑥 찾아든 것이 미안했지만 되도록 거치적거리지 않을 정도로 살살 집의 외곽을 돌아다녔다.

그날 우리는 사당으로 가는 마당에 있는 향나무 언저리에서 언뜻언뜻 들리는 다정한 소리들을 들으며, 담담하고 평온한 아름다움이 어떤 것인지를 지긋이 감상하고 있었다. 마침 한 무리의 남자들이 행사를 마쳤는지 사랑채로 나오고 있었다. 그중 이 집 종손으로 보이는 분이 집의 꼭짓점에 있는 사랑채 모서리에 앉아 우리에게 인사를 건넸다.

그가 바로 우리가 '손동만 가옥'으로 알고 있는 서백당의 전 주인 '손자 동자 만자' 어른의 장손이며, 지금의 월성 손씨 종손이라고 했다. 우리는 목이 아프지 않은 정도의 각도로 올려다보이는 위치에서 그분과 대화를 나누었다. 그리고 내가 그동안 책으로 본 내용들을 들었다.

사랑채의 위치와 각도, 팔을 기대고 내려다보는 종손을 보며 마지막으로 붓을 들어 눈을 그려 완성을 보았다는 어떤 그림에 대한 이야기를 떠올렸다. 최고의 집 서백당, 이 집은 일반적인 종가가 갖고 있는 높이와 넓이를 갖고 있으면서도 사람을 주눅 들게 하지 않는다. 엄숙함과 평온함이 공존하는 집. 그러나 만만하지 않은 집.

서백당은 평이함 속에 고귀함을 담고 있으나 절대 남에게 그 고귀함을 강요하지는 않는다. 그리고 무엇보다도 이 집으로 들어가면 세상의 모든 번잡함이 수구水口로 빨려드는 물처럼 빠르게 잦아든다. 그것이 일상과 정신의 힘이고 그 힘이 들어 있는 집이 세상에서 가장 좋은 집이라고 생각한다.

제 2 장

사람을 품은 집

부대끼며
살아온
흔적이 있다

즐거움은 먼 곳에 있지 않다

새로운 한 해가 시작되는 조용한 아침에는 무언가 의미 있는 일을 해야 할 것 같은 강박감이 있다. 남들처럼 차를 달려 해가 떠오르는 바닷가로 갈 정성도, 산 정상에서 꽁꽁 언 발을 동동 굴리며 장엄하게 떠오르는 해를 볼 용기도 없다. 다만 집에서 이미 하늘 높이 떠오른 새해의 태양이 보내주는 따뜻한 햇살이 창으로 들어오는 모습을 보며 한 해를 열 뿐이다.

햇살이 좋은 아침 무엇이라도 새해의 첫날 할 만한 의미 있는 일을 찾아보다가 좋은 글을 종이에 적어보는 일을 했다. 멋진 글귀를 찾아 새해의 길을 밝히는 등불로 삼는 것은 좀 오래된 방식이기는 하지만, 손으로 직접 쓴 글을 천천히 읽으며 몸속으로 녹여서 쌓아놓는 좋은 방법이라고 생각한다.

정치인, 특히 대권주자들이 흔히 하듯 큰 붓을 휘두르며 휘호를 남길 재주는 없는지라 그냥 조금 좋은 종이를 꺼내서 몇 글자 적었다. 다산 정약용의 산문 몇 편을 꺼내서 읽으며 써보았다. 정약용의 글이야 내가 새삼 찬양하고 평가할 필요도 없는 명문이지만, 특히 그중 산문 두 편이 눈에 들어왔다.

한 편은 「수오재기守吾齋記」라는 글이고, 또 한 편은 「어사재기於斯齋記」라는 글이다. 「수오재기」는 정약용이 큰형 서재의 이름을 자신의 처지와 비교하며 자신을 지키는 것이 얼마나 어렵고 가치가 있는 일인지에 대해 차분하고 날카로운 지성으로 써낸 글이다. 언제 읽어도 아주 담담하면서도 처연해진다. 또 「어사재기」라는 글은 지금 여기의 삶에 대한 이야기다.

"내가 지니지 않은 사물을 바라보고 가리키며 '저것'이라고 한다. 내가 지니고 있는 것을 의식해 자세히 보고는 '이것'이라고 한다. '이것'이라는 것은 이미 얻어서 내 몸에 지니고 있는 것이다. 그러나 만약 내가 손에 넣은 것이 내 바람을 채우기에 부족하다면 만족시켜줄 만한 것을 바라지 않을 수가 없게 되어, 그것을 바라보고 가리키며 '저것'이라고 하게 되는 것이다. 이것은 천하의

고요히 머무르며 우러른다는 의미의 '적이재'는
어린 시절 살았던 시골 농촌마을의 마루가 있고,
텃밭과 넓은 마당이 있는 집을 떠올리게 한다.
ⓒ박영채

공통된 근심거리다. 지구는 둥글고 땅은 사방으로 평평하니 하늘 아래 내가 앉아 있는 자리보다 높은 곳은 없다. 그러나 백성 중에는 곤륜산에 올라가고, 형산과 곽산에 올라가며 높은 것을 추구하는 자가 있다. 이미 가버린 것은 뒤쫓을 수 없고 앞으로 올 일은 기약할 수 없으니, 하늘 아래 지금 누리고 있는 처지처럼 즐거운 것이 없다. 그런데도 백성들 중에는 가마와 말을 다 없애고 전답을 탕진하며 즐거움을 구하는 자가 있다. 땀을 흘리고 숨을 헐떡이며 평생 동안 미혹되어 오직 '저것'만을 바라보고 '이것'을 누릴 줄 모르는 지가 오래다." (정약용, 박무영 옮김, 『뜬세상의 아름다움』, 태학사, 2001년.)

이 글은 정약용이 청해(현재 전남 완도) 절도사인 이민수李民秀의 서재 이름에 설명을 붙인 글이다. 지금 여기의 행복, 즉 먼 곳을 바라보고 머나먼 그리고 불확실한 기대에 매달리지 않고 현재에 충실한 삶에 대해 정약용은 이야기한다. 지금에 만족하고 현실을 긍정하며, 가까이에 있는 사람들을 소중히 여겨야겠다는 새해의 다짐이기도 하다.

교감하며 온기를 나누다

'온도'는 따뜻함의 정도를 나타낸다. 한겨울 이리저리 돌아다

니다 집에 돌아와 현관문을 열면 입김처럼 혹 불어오는 온기가 가장 먼저 우리를 맞이한다. 아파트라면 좋은 난방 시스템이 알아서 온도를 맞춰주고, 일반 주택도 미리 보일러를 설정해두면 대부분 바깥보다 훨씬 포근하고 안온해서 집에 돌아왔음을 그 온기로 실감한다.

예전에 살던 집들은 무척 추웠다. 바닥에 뜨끈한 온돌이 있기는 했지만, 골고루 다 데워주는 것이 아니라 아랫목만 데워주었다. 칼바람이 숭숭 들어오는 창틈과 문틈, 단열이 되지 않는 얇은 벽은 추위를 제대로 막아내지 못했고, 늘 겨울은 춥게 사는 게 당연한 것이라 생각했다. 머리맡에 떠놓은 스테인리스 대접의 자리끼는 밤새 꽁꽁 얼어붙었고, 안방을 가기 위해 마루를 건널 때는 발바닥이 얼어붙는 듯해서 뒤꿈치로 쿵쿵거리며 뛰어넘어가야 했다.

춥게 집에 있다 아이들과 놀기 위해 집을 나서면 바람은 매서워도 집 안보다 오히려 덜 추운 것 같았고, 양지바른 동네 한가운데로 들어서면 집보다 훨씬 따뜻했다. 해가 잘 드는 남향받이 하얀 담 앞에는 벌써 친구들이 모여서 온몸으로 햇살을 가득 받은 채 이를 드러내며 웃고 있었다. 나도 그사이에 끼어서 벽에 등을 기대고 섰다.

햇볕에 데워진 온기가 온몸으로 전해지고 추위는 이미 어디론가 멀리 넘어가버렸다. 오후 긴 시간 햇볕이 데운 그 벽이 주었던 온기는 보일러나 온풍기가 불어주는 따뜻함과는 질적으로 다르다. 겨울이 되면 그리워지는 그런 온기는 건축을 하며 늘 책상 머리에 두고 보는 일종의 좌표 같은 것이다.

오래된 옛집을 보러 다니며 그때 느꼈던 온기를 다시금 떠올린다. 처음에는 공부를 하겠노라며 다니기 시작했다. 오래된 집들의 구성이나 나무를 결구한 모양, 여러 가지 마감 재료를 사진 찍고 메모하느라 바빴다. 그리고 한 장이라도 더 찍어서 남기기 위해 엉덩이에 불이 붙은 것처럼 바쁘게 돌아다니고, 다 보았다 싶으면 '그다음' 하며 휙 하고 장소를 옮겼다.

그렇게 몇 년을 보냈는데, 다닌 만큼 어디 가서 떠들 정도로 지식이 모였지만 어느 순간 그런 지식이 좀 공허하다는 느낌이 들었다. 그리고 그 관점이나 대상이 달라졌다. 오래된 집 문에 얼굴을 바짝 들이대면 코로 스르르 들어오는 오래된 문의 창호지 냄새, 뚫어진 창호지 구멍에서 새어나오는 집 냄새와 흙벽 냄새, 마룻바닥이나 기둥을 손으로 쓸어볼 때 느껴지는 매끈하면서도 눅진한 오래된 나무의 결, 집의 틈으로 바람이 들어오는 소리, 나뭇가지를 흔드는 바람 소리 등 오감을 자극하는 그 자극들이 주는 안온함, 마루에 햇살이 슬그머니 들어서 기둥에 빛을 비춰주며 나뭇결이 선명하게 드러날 때 가득 번지는 온기……

오래된 집이 나에게 주는 진정한 가르침은 그런 것들이었다. 옛집들이 품고 있는 온기는, 직접적으로 보거나 만나지는 않더라

십리벚꽃길이 내려다보이는 '적이재'는
지리산 한가운데에 산과 산이 마주 대하고 있는 사이로
섬진강으로 들어가는 물길이 유장하게 흐르는 중간에 있다.
ⓒ박영채

도 오랜 시간 그 집에서 사람들이 살며 부대끼며 닳아온 삶의 흔적을 경험하고 그것에 교감하면서 자연스럽게 느끼게 된다.

　어느 연구소에서 유인원의 운동을 통제하는 뉴런에 전극을 설치하고 전기신호를 측정하는 실험을 했다고 한다. 유인원이 먹이를 집으려고 손을 뻗을 때마다 뉴런이 활성화되어 소리가 나게 되어 있었다. 실험은 순조롭게 진행되고 있었다. 그런데 한 번은 실험자가 땅콩을 짚으려고 손을 뻗었는데, 스스로 손을 뻗을 때와 똑같이 유인원에게 연결된 실험장치에서 소리가 났다. 실험장치가 고장이 난 것인 줄 알았는데, 얼마 후 실제로 유인원의 뇌가 실험자의 뇌처럼 행동한다는 사실을 알게 되었다. 그리고 그런 공감하는 뉴런을 '거울 뉴런'이라 이름 붙이게 되었다.

　인간은 거울 뉴런을 다른 동물보다 훨씬 많이 갖고 있다. '거울 뉴런의 메커니즘이 타인의 내면세계로 직접 통하는 길을 열어준다'고 보아도 무방하지 않을까? 세상은 능률로 움직이고 잘난 사람이 이끌어가는 것이라 생각하기도 하지만, 인간의 가장 큰 장점은 서로 협력할 줄 알고 교감을 나눌 줄 아는 것이다. 지구의 수많은 생명체 중에서 몸집이 아주 크지도 않고 힘도 가장 강하지 않은 인간이 세상을 지배하게 된 것은 결국 인간의 특출한 두뇌 능력과 더불어 서로 협력하는 법을 터득한 덕분이라고 한다.

　"사람 사이에 섬이 있다. 그 섬에 가고 싶다." 시인 정현종은 이렇게 이야기했다. 사람과 사람은 하나 더하기 하나는 둘이 아

니라 둘 이상의 또 다른 세계를 연다. 서로에 대한 믿음과 현실에 대한 긍정이 깔려 있을 때 그런 '교감'이 이루어진다고 생각한다.

집의 온도, 마음의 온도

우리나라에서 매우 아름다운 길 중 하나라는 경남 하동의 십리벚꽃길은 화개장터에서 시작해 쌍계사까지 벚꽃이 터널을 만들며 이어지는 풍경이 가슴을 두근거리게 만든다. 하지만, 정작 벚꽃이 피는 봄이면 그 근처로 들어가기도 힘들 정도로 사람들이 몰린다.

벚꽃이 길을 다 덮고 피어 있는 모습은 거대한 용이 꾸룩거리며 벚꽃을 토해내는 것처럼 보인다. 한 번은 그 많은 인파에 끼어 들어 벚꽃 터널 안으로 들어간 적이 있는데, 바람에 작은 꽃잎들이 날리는 중이었다. 연분홍이 하늘을 온통 뒤덮고 바닥에 깔려 있는 모습을 보며 몽환적이라는 표현은 이럴 때 쓰는 것이겠다는 생각이 들었다. 벚꽃이 만발해 있을 때는 그렇게 사람들이 몰리지만, 벚꽃이 지고 나면 "그뿐 내 한 해는 다 가고 말아 삼백예순 날 하냥 섭섭해 우옵네다" 그 정도는 아니지만 아주 한적한 장소로 바뀐다.

그 길이 훤히 내려다보이는 언덕에 집을 한 채 지었다. 한철

벚꽃도 아름답지만 둘러싼 산의 연봉連峯이 시원하고 아름다운 이 집의 이름은 적이재寂而齋다. 적이재라는 이름은 『화엄경』에서 따온 것인데 '고요히 머무르며 우러른다'라는 뜻이다. 집의 이름처럼 정년을 맞이한 가장이 서울 살림을 거두고 부인의 고향인 하동으로 내려가서 고요히 머물게 된 집이다.

집터는 지리산 한가운데에 산과 산이 마주 대하고 있는 사이로 섬진강으로 들어가는 물길이 유장하게 흐르는 한중간이다. 집주인은 노모를 모시고 사는 60대 부부이고 자녀들은 분가를 해서 종종 찾아온다. 부인의 고향인 동네라 처가 일가와 친구들이 튼튼히 뿌리를 내리고 있어 낯선 곳에서 은퇴 이후를 준비하는 경우와는 달리 새로 집을 짓는 데 사뭇 여유가 있었다.

주인은 오랫동안 도시의 거의 같은 형식의 아파트에서 별다르게 신경 쓰는 일 없이 편하게 살아왔는데, 집을 짓기로 마음먹은 후 어린 시절 살았던 전형적인 시골 농촌마을의 마루가 있고 텃밭과 넓은 마당이 있는 집을 그리게 되었다. 자연스레 집의 외관은 우리나라 민가 혹은 한옥을 모티브로 하게 되었고, 예산의 한계로 인해 구조는 가장 일반적인 경골목구조 형식을 택하기로 했다.

각종 수집품과 오랜 살림들이 한정된 규모의 집 안에 적절히 수납되도록 하고, 늦은 공부를 시작한 부인의 공부방을 어머니방 가까이 두고, 2층은 '인연의 방'으로 정해 비워두고 친척이나 자

울타리 나무는 무엇을 심을지, 축대는 어떤 모양으로 쌓을지,
텃밭과 저장고는 어디로 할지부터가 시작이다.
결국 집은 땅과의 관계에서 출발한다.

ⓒ박영채

녀가 편하게 이용할 수 있는 게스트 하우스 같은 개념으로 독립시키겠다고 했다.

그리고 나서는 집 안을 어떻게 꾸밀까 하는 궁리보다 울타리 나무로 남천, 사철나무, 화살나무, 홍가시나무 등 무엇을 심을지, 축대는 어떤 모양으로 쌓을지, 텃밭과 저장고는 어디로 할지, 감나무와 밤나무 건사는 어떻게 할지가 집 짓는 내내 더 큰 관심사였다. 어떻게 보면 그것이 올바른 방향이었다는 생각이 들었다. 집은 결국 땅과의 관계에서 출발한다는 것을 우리는 너무나 쉽게 잊어버리고 생경한 구조물을 떡 하니 던져놓고 집을 다 지었다고 하는데 실은 그때부터가 시작인 것이다.

건축의 온도는 무엇이고, 삶의 온도는 무엇일까? 일을 마치고 집으로 돌아갈 때 멀리서부터 우리를 맞이하던 밥 짓는 연기처럼, 어머니가 끓이는 된장국 냄새처럼, 가꾸지 않아도 편안한 마당처럼, 가족들이 아랫목에 발을 맞대고 하릴없이 떠드는 말의 온기처럼, 일부러 애쓰지 않아도 교감할 수 있는 그런 것이 모여 만들어내는 것이 아닌가 싶다.

자기 앞의 생,
자기 앞의 집

라이프스타일은 변한다

아이폰이 출시된 지 10년이 지났고, 10년이면 강산도 변한다고 하는데, 아닌 게 아니라 전국을 촘촘히 뚫고 있는 도로사업 등으로 강도 변하고 산도 변했다. 그런데 그런 자연의 변화보다 더욱 큰 변화는 바로 라이프스타일(생활양식)의 커다란 변화다.

그 변화를 주도한 것은 정보기술IT 산업이고, 그 선봉에 서 있는 것이 '스마트폰'으로 불리는 다기능 고성능 휴대전화의 보급이다. 2007년 스티브 잡스Steve Jobs는 무대 위에 올라 주머니에서 작은 기기를 꺼낸다. 그리고 이 안에는 와이드 스크린 아이팟과 전화기와 인터넷 커뮤니케이트 디바이스가 있다고 설명한다. 사람들은 열광하고 그로부터 세상은 바뀌기 시작한다. 아이폰의 기능은 스티브 잡스가 만든 것이 아니라 그가 취사하고 배열한 것이다. 그러나 새로운 시대를 열게 한 열쇠임은 분명하다.

아이폰이 만든 새로운 시대의 모습으로 가장 먼저 생각나는 것이 지하철에서 볼 수 있는 풍경이다. 지하철이 생기고 처음에는 사람들이 무엇인가 읽을거리를 꺼내들고 서거나 앉아 있었다. 책을 읽는 사람도 많았지만, 제일 많이 읽었던 것이 다양한 오락거리가 풍부한 스포츠 신문들이었다.

사람들은 만화를 보고 연예 기사를 보고 스포츠 기사를 보고는, 내릴 때 지하철 선반 위에 휙 하고 올려놓고 간다. 그리고 누군가 그것을 꺼내서 읽다가 다시 올려놓는다. 그것은 지하철에서만 볼 수 있었던 풍경이었는데, 이제 사람들은 모두 자신의 스마트폰을 들여다보고 있다. 이뿐만 아니라 얼마나 많은 사물의 기능이 통합되었는지, 얼마나 많은 직업이 사라졌는지 도대체 합산하기 힘들다.

과거에 나왔던 그럴싸했던 SF소설이나 영화 혹은 미래를 예측하는 다양한 그림 속에는 영상통화라든가 하늘을 나는 자동차는 있어도 움직이는 전화기, 즉 모든 기능을 다 통합하는 전화기에 대한 예상이 전혀 없었다.

산을 좋아한다는 부부는
삶의 공간을 산과 바로 붙여놓고 살겠다고 했다.
그들의 생활은 아주 단순하고 검박했다.
ⓒ박영채

참 신기한 일이다. 아이폰이 나온 후 10여 년 동안 시간을 알려주며 우리의 손목을 덮어주던 시계가 사라졌고(이제는 패션 아이템으로 남았다), 운전을 할 때 우리에게 길을 인도해주던 지도가 사라졌고, 지도를 대체하던 내비게이션도 유명무실해졌다. 주판을 밀어내고 보급되었던 공대생들의 필수품이자 가계부나 서류를 작성할 때 꼭 필요했던 전자계산기도 사라졌다. 음악을 듣기 위해 들고 다니던 여러 가지 음원 재생기도 마찬가지다. 각각의 모든 물건은 앱이라는 형태로 변환되고, 단지 그것을 스마트폰 안에 밀어넣으면 된다.

몇 년 전 전주에서 회의를 마치고 조금 늦은 시간에 서울로 돌아가기 위해 고속버스터미널에 간 적이 있다. 12시가 가까워지며 버스의 운행 간격이 무척 넓어져 한참을 기다려야 하는 상황이었다. 그때 우리를 유혹한 것이 서울로 가는 심야영업택시, 속칭 '나라시 택시'라는 것이었다. 같은 방향의 사람들을 모집한 후 정원을 채워 집까지 모셔다주는 이 택시는 결국은 불법인 셈이라 가끔 일제 단속을 했는데, 이제는 단속할 필요가 없어졌다고 한다. 말인즉 정보화시대, 특히 아이폰의 등장으로 영업이 거의 불가능해졌기 때문이라는 것이다.

서울로 올라가는 '나라시 택시'에서 운전하는 내내 잠시도 입을 쉬지 않던 운전기사는 "아이폰 때문에 우리 다 망했어요"라며 얼핏 듣기에는 무척 맥락이 없는 이야기를 꺼냈다. 예전에는 사

람들이 고속버스 운행 정보를 알 수 없기에 일단은 터미널로 왔다가, 혹 운행시간이 지났다면 나라시 택시를 이용했다고 한다.

그런 정보에 어두운 혹은 급한 사정의 승객이 많이 있었는데, 아이폰의 보급과 함께 모든 사람이 어느 곳에서나 고속버스 운행시간에 대한 정보를 얻을 수 있게 되었다. 즉, 막차가 끊기면 아예 사람들이 굳이 무리해서 고속버스터미널에 오지 않기에 '하는 수 없이 타야 했던' 승객들이 모두 사라졌다는 이야기였다.

우스갯소리겠지만 나이키 같은 아웃도어 스포츠 용품의 경쟁 상대도 아이폰이라고 말하는 사람이 있다. 여유시간에 신발 신고 나가서 운동을 하는 대신 집에서 스마트폰으로 즐기는 수많은 게임에 몰두하는 세태를 에둘러 말한 것이겠지만 한편으로는 고개가 끄덕여진다.

모던 라이프가 가져온 가상의 세계

아이폰 이전에도 휴대전화는 계속 진화해왔다. 호출하면 공중전화기로 달려가 응답해야 했던 삐삐나 거리의 제한이 있었던 시티폰을 거쳐 온전히 손에 들고 다니며 걸 수 있는 전화의 등장에 모두 열광하며 웬만한 가전제품 가격보다 비싼 물건을 망설임 없이 사들였다. 사진 촬영 기능과 메모하고 기록할 수 있는 기능

등의 결합은 가방의 무게를 한결 가볍게 만들어주었다.

아이폰이 상징하는 스마트폰이 만든 세상은 '손전화' 시절과는 또 달랐다. 인터넷이 연결되면서 그 각각의 기능은 거미줄처럼 서로 연결되고 확장되었다. 이 세상은 이미 영화 〈매트릭스〉에서 예견했던, 눈으로 볼 수 있고 가볼 수 있는 세계 저 너머까지 경험하게 해주는 가상의 세계와도 조금은 닮아 있다.

해상도가 높아진 카메라로 사진을 찍어 바로 지인들에게 동시에 링크할 수 있는 페이스북이나 트위터, 인스타그램 같은 SNS 회사들이 글로벌 거대 기업으로 거듭났다. 수많은 게임회사는 스마트폰용 게임을 개발해 온라인 스토어에서 팔고 있고, 지도 서비스와 방대한 커뮤니티를 거느린 포털사이트가 메신저 회사와 결합하더니 내가 있는 곳이 어디든 찾아오는 택시까지도 불러준다.

이제 전 세계 인구 10명 중 7명이 스마트폰을 사용하고, 특히 우리나라는 전체 인구의 약 95퍼센트가 스마트폰 사용자라고 한다. 단순히 아이콘을 누르기만 하면 전화기는 나침반이나 플래시가 되고, 책e-book이 되고, 본방을 놓친 드라마나 예능을 볼 수 있는 텔레비전이 되고, 무선으로 연결되는 스피커로 음악을 보내주고, 쇼핑과 은행 업무와 영화 예매까지도 손가락 터치 몇 번으로 가능하게 해주는 만능기계로 변신한다.

그러니 하루 종일 도무지 손에서 이 물건을 뗄 수가 없고 어

디로 움직일 필요도 없다. 이 기계에 얼마나 익숙하고 능숙하게 사용하느냐에 따라 스마트한 시대의 라이프스타일은 개인별로 무척 많은 차이를 갖게 되었다.

간혹 옛날이야기를 하다 보면 집에 전화가 없어 이웃집 전화를 빌려 쓰던 시절, 냉장고가 없어 찬장을 두고 뒤뜰에 묻은 장독에서 김치를 꺼내먹던 시절, 싱크대가 없어 수돗가에서 물을 떠다 부뚜막에서 밥을 하던 시절, 보일러가 없어 연탄을 때다가 꺼뜨려 번개탄을 사다 불을 붙이던 시절, 텔레비전이 있는 집에 동네 사람들이 모두 모여 드라마를 보던 시절, 화장실이 마당에 있던 시절, 집 안으로 들어온 수세식 변기가 낯설어 제때 볼일을 보지 못하던 시절, 모두 불과 30여 년 전에는 무척 익숙했던 풍경이 아득하다 여겨질 때가 있다.

기술의 발달로 인해 현대인의 라이프스타일은 끊임없이 변화했고 덕분에 공간도 계속 변화해왔다. 냉장고를 들이기 위해 부엌이 넓어지고 안방으로 밥상을 나르는 대신 식탁에 둘러앉고, 화장실이 집 안으로 들어오고, 세탁기를 두기 위해 수돗가도 집 안으로 들어오고……

그런 변화를 가져온 물건들은 점점 더 많은 기능을 갖추고 점점 더 커졌고, 모두 고정식으로 일정한 크기의 공간을 점유해야만 했다. 그래서 우리는 점점 더 넓고 높고 큰 공간을 원하게 되었고, 그 모든 물건을 편안히 규격에 맞게 수납할 수 있는 아파트

현대인의 라이프스타일이 변화하면서
공간도 계속 변화해왔다.
부엌이 넓어지고 안방 대신 식탁에 둘러앉고,
화장실과 수돗가가 집 안으로 들어왔다.
ⓒ 박영채

라는 공간을 추앙하게 되었다.

그런데 현대인의 '모던 라이프'를 상징하던, 도시인의 일상생활에 필요했던 그 많은 물건이 스마트폰 때문에 자리를 잃었다. 당장 유선전화가 그렇고 텔레비전이 그렇다. 아직도 유물처럼 남아 있기는 하지만, 스팸 같은 문서들만 토해내는 사무실 귀퉁이의 팩시밀리도 그렇다. 내가 살아가고 일하고 즐기기 위한 공간의 크기가 이제는 그리 중요하지 않게 되었다. 우리가 일구고 가꾸어온 공간이나 도시의 구조와 체계가 한편으로는 무력해지는 시대를 만나고 있다.

나를 그려내고, 나를 담다

사회 시스템이 바뀌고 가족제도가 바뀌고 문명의 지향점이 변한다. 삶의 형식도 여러 시대를 거치며 여러 가지 모습으로 나타나고, 그에 따라 건축이 유연하게 변하고 집이 인간의 의지에 적응하게 된다. 각 시대마다 사람들이 공유하고 공감하는 라이프스타일의 기준이 있었다면, 이제는 그것이 무의미해진 것이 아닌가 생각된다. 다양한 연령대와 다양한 구성원의 사람들이 살아가는, 예전의 잣대로 이야기할 수 없는 다양한 형식의 삶과 맞닥뜨리고 있다.

20년 전 사무실을 개업하고 종이와 연필과 수채화 물감만 덩그러니 놓여 있는 책상에 앉아서 집을 그리기 시작했다. 누구를 위한 집을 그리는 것이 아니라 내가 보았던 집을 그렸다. 내가 특히 즐겨 그렸던 집은 국도를 달리다 만나는 건축가를 알 수 없는 그냥 시골에 있는 흔한 동네 집들이었다. 그 집들에는 아무런 욕심도 없었고 아무런 멋도 없었고, 그저 생각나는 대로 에너지를 발산하며 종이에 그어대는 어린아이의 그림처럼 천진함과 순수함과 평온함이 가득했다.

편안함과 평온함은 어디에서 오는가? 길가에 들꽃처럼 피어

단순한 삶을 살고 싶어 하는 집주인은
깊은 산 속에 집을 지었다.
산이 집을 꼭 안아주어서
더욱 따뜻한 느낌이 들었다.
ⓒ박영채

있는 집들을 보며 한참을 그리면서 생각했다. 힘이 들어가지 않고 과시도 없는 집, 삶의 긴장이 없는 집, 말하자면 내가 그린 길가에 있던 집은 욕심 없이 자신을 그려낸 순박한 집이었으며 나아가서는 무위의 경지에 들어선 집이었다. 무언가 잘해보고자 하면 일이 점점 힘들어지고 무언가 과시하려고 하면 점점 공허해진다. 건축가로서 일하며 내가 설계하는 집이 그런 모습이 아닐까 반성했다.

시대가 어떻든 환경이 어떻든, 사람은 누구나 자신의 인생을 산다. 누구도 나의 삶을 대신 살아줄 수 없기 때문이다. 집도 자신에게 맞는 옷을 입듯 자신의 삶이 담긴 공간에서 살아야 한다. 과연 나를 그려내고 나를 담은 집이란 무엇일까?

어느 날 산을 좋아한다는 부부가 집을 짓고 싶다고 찾아왔다. 산을 좋아하는 사람이야 많지만, 삶의 공간을 산과 바로 붙여놓고 살겠다는 사람은 흔치 않다. 그들의 이야기를 들어보니 그들의 생활은 아주 단순하고 검박한데, 그들이 집을 짓겠다는 땅은 화려했다.

땅은 소백산이 뻗어내린 중간에 있었는데, 고개를 하나 넘으면 부석사가 있는 곳이었다. 앞과 뒤로 산들이 겹겹이 둘러쳐 있었고, 그 안에 화려한 꽃술처럼 솟아 있는 땅이었다. 마을과도 좀 떨어져 있었는데, 원래는 사과나무를 키우는 과수원이었다. 집에 들어갈 내용은 잠을 자고 밥을 먹고 차를 마시는 단순한 일과

였고, 나머지의 생활은 산으로, 즉 자연으로 가득 차 있었다.

긴 사각형 안에 안방과 손님방을 양쪽 끝에 배치하고 나란히 부엌과 거실과 화장실을 넣으니 끝이었다. 남쪽으로는 햇빛과 바람을 가득 담을 수 있는 창을 내고, 그것을 조절할 수 있는 긴 회랑을 덧붙였다. 주로 좌식으로 사용하는 다실에는 낮은 창을 내어 서 있거나 앉거나 움직임에 따라 산의 다른 풍경이 집에 담기도록 했다.

나머지는 앞으로 옆으로 뒤로 펼쳐져 있는 산들과 어떤 관계를 만들어나가야 하는 일이었다. 일자형 단순한 집과 그 앞으로 산의 흐름이 남아 있는 마당과 집을 마주 보는 작은 대문채를 놓았을 뿐이다. 대문채는 잡다한 도구들을 수납하고, 길과 집터 사이의 여백을 만드는 역할을 한다.

드넓은 바둑판에 두 점의 바둑돌을 앉힌 것처럼 집을 놓았다. 다 짓고 그 모습을 보니 내가 오랫동안 그렸던 시골집처럼 편안했고, 산이 집을 꼭 안아주어서 더욱 따뜻한 느낌이 들었다. 단순한 삶을 살고 싶어 하는 집주인도 좋다고 했다. 높고도 깊은 산속에 욕심을 버리고 들어가 살고 싶은 주인을 닮은 집이었다. 그 집은 나와 그곳에 살 사람들이 같이 궁리하며 지었지만, 그들 앞에 놓인 산에 어우러지는 일과 그들 앞에 놓인 생은 살면서 그들이 지어나갈 몫으로 남겨놓았다.

시인의 집은 시다

시로 집을 짓다

'시詩, poem'는 그냥 시지 의미를 덧붙이거나 따로 견줘 설명하기 곤란한 무엇이다. 그냥 성의 없고 무책임하게 휘갈겨놓은 것을 시라고 우기기도 하고, 무슨 장엄한 교향곡처럼 웅장한 소리를 내면서도 내용은 하나도 없는 공허한 말의 신기루를 만들기도 하고, 정확히 급소를 찌르는 고수의 칼끝처럼 몇 줄 되지도 않는 글자로 사람을 기절시키기도 한다. 그래서 시는 지나치게 추앙받기도 하고 지나치게 무시당하기도 한다. 한마디로 참 어려운

예술이다.

'詩'라는 한자를 뜯어보면 말씀 '언言' 자와 절 '사寺' 자가 합쳐져 있다. 그러니까 시는 인간의 말이다. 『서경書經』의 「순전舜典」에는 "언어로 나타낸 뜻이 곧 시詩言志"라는 구절이 나온다는데, 뜻을 나타낸다는 것으로는 조금 부족하다.

생각건대, 시란 말로 만드는 집과 같은 것이다. 그런데 대문을 들어서면 마당이 나오고 행랑채를 지나서 중문이 나오고 다시 마당이 나오고, 혹은 현관을 들어서면 복도가 나오고 방들이 달려나오는 그런 구체적이고 순서가 정연한 집이 아니고, 문득 문과 다락이 바로 연결된다거나 혹은 대문을 열고 들어서니 지붕 위에 올라가 있는 집이기가 쉽다.

의미와 의미 사이에 그 흔한 통로도 없이 그냥 붙어 있어서, 눈치 빠른 사람은 그 의미들을 포개서 새로운 형상을 만들어 상상하기도 하지만 눈치가 없는 사람들은 도저히 알아들을 수 없다. 들어가는 길이 없는 의미의 궁전 같기도 하고, 어린아이의 옹알이처럼 들리기도 하는 것이 시다.

내가 처음 시를 만난 것은 학생 때 환경미화의 산물로 교실의 내 자리 왼쪽 창문과 창문 사이 벽에 붙어 있는 액자 덕분이었다. 지은이의 이름도 없이 제목과 내용만 있는, 그리고 도저히 눈 뜨고 봐줄 수 없는 조악한 그림이 그려진 싸구려 액자였다.

"꽃이 지기로소니 / 바람을 탓하랴. // 주렴 밖에 성긴 별이 /

하나 둘 스러지고 // 귀촉도 울음 뒤에 / 머언 산이 다가서다. // 촛불을 꺼야 하리 / 꽃이 지는데 // 꽃 지는 그림자 / 뜰에 어리어 // 하이얀 미닫이가 / 우런 붉어라. // 묻혀서 사는 이의 / 고운 마음을 // 아는 이 있을까 / 저허하노니 // 꽃 지는 아침은 / 울고 싶어라.”

뭔지도 잘 모르면서 수학이나 물상처럼 졸린 과목의 수업시간에는 눈을 살짝 돌려 그 액자를 바라보았다. 그 벽에 붙은 글자는 그냥 벽에 붙은 하나의 장식이고 나는 단지 눈을 돌리기 위해 벽을 보았으므로, 그 시와 나 사이에는 어떤 긴장이나 자각이나 애정, 뭐 그런 것은 없었다.

그렇게 1년을 보다 보니 내가 원하지 않아도 그 시가 외워졌고, 어느 날 생각하니 참 좋은 글이라는 생각이 들었다. 특히 나는 “울고 싶어라” 하는 대목에서 완전한 시적 공감을 이루었다. 나중에 알고 보니 이시는 그 유명한 청록파 시인 조지훈의 「낙화」였다.

그 이후 집을 둘러보다가 누나가 다니던 금란여중에서 학생들에게 나누어준 부교재를 발견하게 되었다. 우리나라를 대표하는 시인들의 시가 시인별로 두 편씩 실려 있었는데, 이광수 · 최남선을 비롯해서 광복 이후 1975년까지의 시인들이 망라되어 있었다. 지금처럼 학교 끝나고 더 바빠지는 시절이 아니었으므로 방과 후 집에 와서 별달리 할 일이나 놀 일이 없을 때 틈틈이 그

시는 의미를 덧붙이거나
따로 견줘 설명하기 곤란한 무엇이다.
그래서 시는 지나치게 추앙받기도 하고
무시당하기도 한다.
함성호 시인의 소소재는 바위를 열고 들어간 듯
머리 위에서 빛이 쏟아진다.

ⓒ함성호

책을 읽었다.

시들은 무슨 말인지 의미가 모호한, 지금 140자 트위터 박스에 글을 넣기 위해 긴 산문에서 글자들을 발라낸 것처럼 정리된 것이 참 묘하게 느낌과 의미를 전달해주었다. 그것이 내가 머리로 이해하는 것이 아니라 내 머리를 거치지 않고 내 눈과 몸 어디에 있는지 알 수 없는 감성이나 감정, 뭐 그런 곳으로 쑥 들어와 버리는 것이었다.

편하고 아프고 아름다운 공간

고등학생 때 내가 제일 좋아했던 박재삼이라는 시인이 썼던 「울음이 타는 가을강」이라는 시에는 선명한 이미지와 선명한 색이 만들어내는 감정이 아주 명징하게 들어 있었다. 세상사의 쓸쓸함이 너무나 선명하게 들어와서 자칫 내가 물이 들어버릴 것 같았다. 가슴이 저릿저릿한 것이 이야기를 통해 듣는 감동이나 그림·영화·음악을 통해 느끼는 감동과도 아주 다른, 또 다른 감동이 있음을 알게 되었다.

도대체 그 감동의 바탕은 무엇이며 내가 그 감동을 어디를 통해 느끼는 것인지 도저히 알 수 없었고 그것이 궁금했다. 도대체 우리는 무엇으로 시를 읽고 무엇으로 시를 느끼는 것일까?

잘 알겠지만 1970년대에 벌어진 일들은 도저히 책으로는 이해할 수 없었고, 우리는 세상이 돌아가는 것과는 동떨어진 이상한 것들만 배우고 이상한 서정만을 익히고 있었다. 그때 만난 시가 김지하의 시들이었다. 김지하란 시인이 세상 어딘가에 있기는 하다는데 그의 이름을 아무도 세상에서 부를 수 없고 만날 수도 없던 시절, 그저 누군가에게서 조악한 복사본으로 된 그의 시집을 한 권 빌려서 공책에 베껴서 가지고 다니며 읽었다.

그의 시에는 감정의 사치스러운 장식도 없었고 그냥 그대로 맨살을 드러내고 환부를 적나라하게 보여주었다. 그때의 김지하는 너무나도 아름다웠다. 눈이 부실 정도로……. 그리고 말로 표현이 되지 않는 고통을 수반했다.

그리고 20대로 접어들며 1980년대를 맞았다. 봄이 온 듯하다가 자고 나니 다시 엄동설한이었고 무언가 강하게 원하고 요구하면 바뀔 것이라고 믿었으나, 세상은 그리 만만한 것이 아니라고 너희가 그냥 포기하는 것이 맞다고 말하는 것 같았다. 나는 그때 복학 직전이라 부평 작전동에 있는 아주 열악한 공단에서 일을 하면서 삼화고속을 타고 서울을 오가고 있었다. 정류장이 있던 신촌로터리에서 내리면 헌책방이 있었는데, 어느 날 지나는 길에 특별히 찾는 책도 없이 빈둥거리다가 우연히 시집 한 권을 들었다.

시 한 편이 내 눈에 들어왔고 나를 꽁꽁 얽어매 버렸다. 이성

복이라고 전혀 들어보지도 못한 새로운 시인이었는데, 어찌나 좋은지 시집을 800원 주고 사서 집에 와서 읽고 또 읽었다. 세상에 뛰어들어 가지도 않고 피하지도 않고 아주 가까운 곳에서 세상을 바라보는 시인의 시각이 느껴졌고, 그것이 정확하게 그 시대의 우리의 모습이었다. 어디가 아픈데 아무도 아픈 데를 모르고 심지어 아픈지도 모른 채 점점 말라가는 모습……. 김지하처럼 유장하지도 않고 처절하지도 않은데 나는 아픈 채로 그 흐름에서 빠져나오지도 못하고 30대가 되었다.

1990년대에 들어서자 문화 전반에 걸쳐서 나타나는 심드렁함이 시에도 들어 있었다. 치열함이라든지 애달픔이라든지 하는 것들, 앞서서 나가는 사람이 휘두르는 커다란 깃발 같은 것들은 모두 사라졌다. 세상의 모든 일, 세상의 모든 문학은 '그저 잡지의 표지처럼 통속한 것'들이 되어버렸다. 그래서 슬프지도 않고 오히려 감정이 담긴 진득한 이야기들은 왠지 노래방에서 갑자기 일어나서 부르는 찬송가처럼 생뚱맞은 소리로 들렸다.

1990년대의 시는 확실히 다르다. 세상에 부딪히지도 비켜서서 바라보지도 않고 그냥 어떤 세상이건 그 세상에 들어가고, 들어가서 입장을 표명하고 자신을 세우지 않은 채 세상과 같이 흘러다닌다. 그렇게 보인다.

시는 결국 시인의 말이고 시인의 뜻이고 시인이 세상을 보는 자세다. 그 자세는 아주 직접적이고 정확하다. 그래서 우리는 그

우리는 무엇으로 시를 읽고 무엇으로 시를 느끼는 것일까?
함성호 시인이 설계한 강화도 주택의 지붕과 내부.

ⓒ함성호

말을 알아듣지 못한다. 시인들은 정확한 이야기를 또박또박 하고 있는데 그 말을 세상에서는 알아듣지 못하는 것은 우리가 대부분 진실을 배우지 못하고 진실로 포장된 어떤 입장을 배우기 때문이다.

그러나 시인은 포장을 풀어헤치고 그 안의 진실을 꺼내 보고 정확하게 옮겨서 설명해준다. 그래서 알아듣지는 못하더라도 시인이 만들어놓은 공간에 우리는 들어갈 수 있다. 그곳에 들어가서 의미를 모른 채 두리번거리다가 나올 수도 있고 아예 자리를 잡고 앉아서 살아갈 수도 있다. 그 공간은 무척 편하고 아프고 아름다운 곳이다.

바위를 열듯 비스듬히 길이 열리다

시인들은 알아듣지 못하는 세상과 불화를 겪으며 좌절하는데, 시인이자 건축가인 함성호 역시 그런 좌절과 분노 속에서 시를 쓴다. 피를 토하지는 않지만 세상에 대한 분노가 있다. 그는 무언가 잘 맞아들어 가지 않는 그 괴리를 설명해주지만, 결국 그의 말은 외계 언어가 되어버리고 우리는 아주 작은 조각들을 주워서 겨우 맞춰볼 뿐이다. 그래서 이제 그는 설명해주는 대신, 포장된 진실을 꺼내서 다시 새롭게 포장한다. 최대한 진실에 가깝

게……. 그로써 그는 시인으로서 책무를 다하고 있다.

"네가 죽어도 나는 죽지 않으리라 우리의 옛 맹세를 저버리지만 그때는 진실했으니, 쓰면 뱉고 달면 삼키는 거지 꽃이 피는 날엔 목련꽃 담 밑에서 서성이고, 꽃이 질 땐 붉은 꽃나무 우거진 그늘로 옮겨가지 거기에서 나는 너의 애절을 통한할 뿐." (함성호, 「낙화유수」 중에서)

함성호는 10여 년 전 자신의 집을 짓고, 그 뒷이야기를 '소소재잡영기素昭齋雜詠記'라는 글에 담았다. 그에 의하면 건축은 이미지의 선택이 아니라 언어의 구조적 증명이다. 문학은 그 공간을 통해 인간 인식의 또 다른 지평을 펼쳐놓지만, 건축 공간의 새로운 지평은 논리에서 벗어나 완성될 수 없다는 것이 시인이자 건축가인 그의 고민이었다.

그래서 그는 건축은 감각을 통해 보이는 것, 듣는 것, 맡아지는 것, 맛보는 것이 통합적으로, 즉 공감각적으로 추구되어야 하며, 그 감각들을 해체해서 논리적으로 재구성해야 한다고 생각한다. 거기에는 건축이 만질 수 있는 세 가지가 있다. 빛과 소리와 풍경이 그것이다. 이 감각이야말로 건축의 진정한 재료라는 것이다.

그는 집 지을 땅을 찾아다니다 두 계절을 보내고, 서암恕菴 신정하申靖夏가 벗 이희지와 석호정石虎亭에서 만나 놀기로 약속하고 가던 중 비를 만나 뱃길에서 육로로 길을 갈아타는 바람에 서로

함성호 시인은 집을 짓고, 그 뒷이야기를
'소소재잡영기'라는 글에 담았다.
그는 건축이 만질 수 있는 감각이
빛과 소리와 풍경이라고 했다.
이 감각이야말로 건축의 진정한 재료라고 했다.
ⓒ함성호

엇갈린 심사를 술회하는 대목을 떠올린다.

"비도 나의 길을 막을 수 없고, 바람도 나의 길을 근심케 할 수 없네. 지금 나는 무슨 일로 비바람 속을 달려와, 꽃이 피었다 지는 계절과 정녕 다투나?"(강혜선, 『나 홀로 즐기는 삶』, 태학사, 2010년)

만나고 싶은 벗을 못 만났기에 꽃이 피었다 지는 이 계절과의 다툼만 의미 없이 남았다. 나는 왜 쓸데없이 이 계절과 다투었던가. 나는 무엇 하러 이 소용없는 땅들과 씨름하고 있단 말인가. 기다림 끝에 그는 경기도 일산 외곽에 땅을 구한다. 그리고 인공의 도시에 자연을 솟아 있게 하고 싶다는 생각을 한다.

"이 집은 그렇게 지각을 뚫고 솟아올라온 집이 될 것이다. 티베트의 시가체에서 본 무너진 고성처럼 산과 성이 하나로 보이는 집, 일산에서는 그것이 검은 바위가 될 것이다…… 그래서 이 집은 마치 바위를 열고 들어온 것처럼 어두운 속으로 사람들을 안내할 것이다. 그 계단에서 빛은 오직 머리 위에서만 쏟아져내리고, 소리는 아래에서 위가 아니라 누군가가 부르듯 위에서 아래로 웅장하게 퍼질 것이다."

40인의 도적이 바위를 열듯이, 그 뒤를 이어 알리바바가 바위를 열듯이 그는 세상으로 들어가는 틈을 열고자 한다. 바위를 여는 비스듬한 진입이 이루어지는 집을 위해 고민하던 그에게 반듯하게 구획된 신도시의 땅은 너무 가혹했다. 그래서 그는 집을 배치하기 전에 먼저 햇빛이 가장 잘 드는 양지바른 곳에 나무를 심을 곳부디 구획했다.

자작나무와 키 낮은 나무들과 목련 등의 자리를 잡고 나머지 빈자리에 집이 들어서게 만드니 본래 직사각형의 대지가 완전히 부정형不定形의 대지로 변해 있었다. 비로소 두 개의 바위 틈을 지나는 비스듬한 길이 나타났다. 그리고 그 길은 드디어 바위를 열어놓고 있었다. 그것으로 그의 시는 건축이라는 몸으로 변환된다.

주인의
성품을
닮는다

집은 얼마나 커야 충분한가?

사람들에게는 누구나 마음속에 그리고 있는 필생의 집이 있다. 그것은 동서양을 막론하고 시대를 뛰어넘는다. 현대건축의 기틀을 만들었던 프랑스 건축가 르코르뷔지에는 만년에 바닷가에 작은 오두막을 짓고 그곳에서 쉬면서 그림도 그렸다. 그리고 바다에서 수영을 하던 중 세상을 떠났다.

사실 르코르뷔지에의 건물은 어느 정도 알고 있었지만, 그의 사생활에 대해서는 혹은 그의 말년에 대해서는 전혀 모르고 있었다. 그 사실은 얼마 전 텔레비전 리모컨을 이리저리 돌리다가 얼어걸린 문화교양 케이블채널에서 그에 대한 다큐멘터리를 잠깐 봐서 알게 된 것이다. 어떤 이유로 그곳으로 갔는지, 그곳이 어딘지도 모른 채 끄트머리만 조금 보게 되었다.

바다에 인접한 경치가 아름다운 언덕에 오두막을 짓고 그림을 그리고 야외에서 이웃들과 웃으며 이야기를 나누는 70대 후반의 르코르뷔지에의 사진이 흘러갔다. 어떤 꼬마와 그 가족과 둘러앉아 햇살이 가득한 정원의 테이블에서 환담하는 모습은 내가 알고 있는 그의 모습과는 무척 달라 어색하기까지 했다.

"어느 날 그는 여느 때처럼 바다로 수영을 가고, 그리고 돌아오지 않았다. 그때 그의 나이 일흔일곱이었다"는 내레이션이 담담하게 흘러나왔다. 작은 집을 짓고 바다를 보며 종이에 휘갈긴 스케치를 벽에 덕지덕지 붙여놓고 수영을 하다가 세상을 떠난 르코르뷔지에. 무언가 탈속한 신선 같다는 생각이 들었다.

평생 그렇게 많은 건물을 설계하고, 그가 설계한 건물 하나하나가 건축의 새로운 지평을 열고, 100년이 넘게 추앙받고 있는 위대한 건축가가 마지막으로 지은 집이 자신을 위한 허름한 오두막이라니……. 그것은 어떤 의미일까? 어쩌면 근본으로 돌아간다는 몸짓이었을까?

나는 리모컨을 들고 끊임없이 농담을 던지는 '버라이어티' 프로그램과 푸른 잔디 위에서 선수들이 미친 듯이 공을 차는 프리

르코르뷔지에는 평생 많은 건물을 설계했고
그 건물이 건축의 새로운 지평을 열었지만,
자신을 위한 유일한 집은 허름한 오두막이었다.

미어 축구 중계 사이에서 갈등하며 잠시 생각해보았다. 돌이켜
보면 인류의 역사와 함께 공간의 역사 혹은 건축의 역사가 시작
되었다. 그러나 모든 일상과 사건이 인간이 만든 공간 안에서 이
루어진 것은 아니다. 숲에서 사냥하고, 들에서 일하고, 광장에서
정치를 하고…….

약간 과장해서 생각하면 인간에게 제대로 된 유일한 건축은
집이 아니었을까 생각한다. 건축이란 결국 인간이 담기는 것이
고 인간이 만드는 것이다. 물론 크게 보면 자연에 기대는 행위이
기는 하지만, 근본적으로 보면 인간이 자연과 떨어져 자연에서
자신을 지키는 곳이다.

르코르뷔지에의 작은 집은 8~9월 여름 두 달을 무더위 속에
서 보내는 1951~1952년 사이에 지중해가 내려다보이는 나무가
우거진 절벽에 지어졌다. 최소 크기의 공간에 대한 그의 생각을
보여주는 조립식 오두막으로 가로 3.66미터, 세로 3.66미터, 높
이 2.66미터 규모이니 4평(13.4제곱미터) 남짓 된다. 공교롭게도
이 크기는 헨리 데이비드 소로Henry David Thoreau가 지었던 월든 호
숫가의 집 크기이기도 하고, 우리나라에서 한 사람이 거주하는
데 필요한 최소 면적이라고 규정하는 규모이기도 하다.

이 집은 르코르뷔지에가 자기 자신을 위해 지은 유일한 집으
로, 마침 친구가 근처에서 레스토랑을 갖고 있었기 때문에 부엌
을 아예 설계하지 않았고, 먹고 자고 기도하기 위해 지어진 수도

르코르뷔지에의 '카바농'은
최소 크기의 공간에 대한 그의 생각을 보여주는
조립식 오두막으로 약 4평 밖에 안 된다.

사의 거주 공간에서 영감을 얻었다. 그의 다른 몇몇 작품과 함께 2016년 유네스코 세계문화유산으로 지정된 집의 이름인 '카바농 Le Cabanon'은 오두막이라는 의미다. 르코르뷔지에는 건축의 기원, 즉 아주 기본적인 것만을 갖춘 원초적인 오두막이자 그가 건축에 대해 꿈꾸고 생각했던 장소로서 작은 집을 만들었다.

기억과 기록의 땅

　한 분야에서 일가를 이룬 사람이 말년에 평생 얻은 것들을 정리하고 몸만 겨우 들일 만한 작은 집에 머무는 것은 낯선 일이 아니다. 이황의 도산서당, 송시열의 남간정사, 조식의 산천재 등 소위 '삼간지제三間之制(선비의 집은 3칸을 넘지 않아야 한다)'의 정신을 남긴 집들을 보면 더욱 그렇다.

　충재沖齋는 조선 중종 때 살았던 권벌權橃의 호이며, 그가 살며 공부하던 서재의 이름이다. 충재가 자리 잡은 닭실마을은 경북 봉화에 있다. 이 마을은 4대 길지니 8대 명당이니 혹은 금계포란형의 지세라는 등 이런저런 수식이 잔뜩 붙어 있는 곳이다.

　혹자는 전쟁도 비껴가고 일제의 수탈도 비껴간 곳이라고 이야기한다. 눈이 어두워 그런 지세를 읽기는 힘들지만, 완만한 산봉우리가 포근하게 동네를 감싸고 있고 해가 잘 들고 바람이 잘

부는 살기 좋은 곳임은 한눈에 보아도 알 수 있었다.

또한 이곳은 안동 권씨가 모여 사는 집성촌이다. 닭실마을에 권씨 집안이 자리 잡게 된 것은 권벌이 집을 지으면서부터라고 한다. 그는 안동 도촌에서 나고 자랐으며, 1507년(중종 2)에 과거에 급제해 벼슬을 시작하고 예조 참판에까지 이르렀으나, 기묘사화(1519년)로 파직되자 낙향해 15년 동안 이곳에 머물렀다. 그가 파직되기 1년 전에 훈구파와 신진 사림의 대립으로 혼란스러운 정국을 피해 자원해 삼척 부사로 부임하고 임지任地로 갈 때 봐두었던 터라고 한다.

조선시대의 학자들, 특히 벼슬에 나선 양반들은 정치적인 입장 차이에 따라 시시때때로 지위가 급변하기도 했다. 어제까지 호의호식하던 관리가 하루아침에 죄를 받고 제주나 거제 같은 섬으로 유배를 가고 가족은 관비가 되어 뿔뿔이 흩어지기도 했다.

당시의 형벌은 여러 가지가 있었는데, 귀양과 유배는 조금 의미가 다른 것이 귀양은 귀향歸鄕에서 유래된 말로, 죄를 지어 관직에 나갈 수 없는 자들을 고향으로 돌아가게 한 것, 즉 방축향리放逐鄕里로 유배보다는 한 단계 가벼운 처벌이었다.

반면 유배는 2,000~3,000리 등 먼 곳으로 보내 고향으로 돌아가지 못하게 하는 벌로 장 100대를 먼저 시행했기 때문에 가기도 전에 죽는 사람도 있었다. 또 그 기준이 중국법을 적용한 것인데 우리나라가 남단 끝까지 거리가 1,000리밖에 안 되었기 때문에

청암정은 정자 중에서 가장 오래된 것인데,
커다란 거북바위 위에 높다랗게 앉아 있다.

숫자를 채우려고 길을 돌아가기도 했다고 한다.

그래서 사람들은 큰 화를 입기 전 아예 정치에 거리를 두고 고향으로 돌아가 은거하게 되는데, 그들은 기약 없는 기다림 속에서 세속적인 관심에서 벗어나 학문을 닦기도 하고 가세家勢를 늘리기도 하고 자신을 바로세우기도 했다.

권벌이 터를 잡은 봉화는 경북의 가장 북쪽에 있어 산이 깊고 숲이 많지만, 삼한시대부터 사람이 거주한 흔적이 남아 있는 유서 깊은 지역이다. 특히 풍수상의 '삼재불입지三災不入地' 중 한 곳이라고 하여 1606년(선조 39) 봉화 각화사에 태백산사고太白山史庫를 건립해 『조선왕조실록』을 수호하게 했다.

태백산사고는 조선시대 외사고外史庫 중 하나로, 임진왜란 때 유일하게 남은 전주사고의 실록을 재발간해 춘추관과 외사고(강화도 마니산, 경상도 봉화 태백산, 평안도 영변 묘향산, 강원도 평창 오대산)에 보존할 때 만들어졌다. 이후 전란으로 다른 사고가 불탔을 때도 잘 보존되어 지금 우리가 보고 있는 『조선왕조실록』이 바로 태백산본을 근거로 한 것이다.

봉화의 풍수까지 깊이 알 수는 없지만 청암정靑巖亭이 지금 남아 있는 정자 중 가장 오래된 것이라 하고 충재 고택에 보관된 서적 중 보물로 지정된 것이 4점이나 있는 것으로 볼 때 크게 틀린 말은 아닌 듯하다.

화해와 조화를 꿈꾸다

충재 고택은 'ㅁ'자로 구성된 안채와 그 왼쪽(서쪽)으로 사당
이 넓게 자리 잡고 있고, 또 그 왼쪽으로 담을 두른 일곽—郭에 두
채의 건물이 보인다. 세 군데의 영역이 나란히 배치되어 있는데,
그 구성이 조금은 느슨해 보이기도 하고 각자의 영역이 독립적으
로 존재하는 것처럼 보이기도 해서 무척 특이하다. 물론 그런 구
성은 세월이 지나며 집을 고치고 다시 짓고 하는 과정에서 생겨
난 배치일 수도 있고 혹은 주인의 독특한 생각이 투영된 것일 수
도 있다.

우리는 가장 왼쪽의 영역을 자유롭게 볼 수 있다. 바로 청암
정과 충재인데, 하나는 정자이고 하나는 서재다. 청암정은 커다
란 거북바위 위에 높다랗게 앉아 있고, 충재는 정자를 올려다보
듯 수더분하고 고즈넉하게 마주 보고 있다.

T자형 평면에 단청까지 되어 있어 높고 화려한 청암정과 무
덤덤한 일자형 3칸짜리 박공지붕의 충재는 대조적이다. 그 영역
은 청암정을 위해 지어놓은 듯해서, 충재의 존재는 눈에 띄지 않
는다.

"1526년 봄, 중허(권벌의 호)가 암정을 건립하고 이듬해 봄에
마루를 깔았다 嘉靖丙戌春巖亭成 明年春安林樓 主人仲虛."

1721년(경종 1) 청암정을 보수공사할 때 권벌이 직접 쓴 것으

충재는 개인 서재로 청암정에 비해 소박하고 아담하다.
여기서 권벌은 외부에서 찾아오는 많은 선비와
학문을 논하고 후학을 양성했다.

로 추정되는 목편木片이 발견되면서 청암정과 충재가 지어진 시기를 알게 되었다. 청암정의 원래 이름이 암정巖亭이었다는 사실과 권벌이 이 동네에 자리를 잡고 몇 년이 지난 후에 이 건물을 지었다는 사실을 알게 해주는 기록이다. 아쉽게도 건물을 지을 때의 의도와 개념에 대한 더 구체적인 기록은 없다.

충재는 권벌의 개인 서재이며 한서당寒栖堂이라고도 부른다. 정면 3칸, 측면 1칸의 일자형 평면으로 구성되어 있으며 청암정에 비해 소박하고 아담하다. 온돌이 없고 마루만 설치되어 있는 청암정과는 달리 충재는 크지는 않지만 온돌방이 있다. 여기서 권벌은 외부에서 찾아오는 많은 선비와 학문을 논하고 후학을 양성했다고 전해진다.

3칸 중 가운데 칸인 어칸御間과 좌측 협칸은 방이고 우측 협칸은 대청이다. 폭이 좁은 좌측 방 끝에 뒷간을 두어 아래에는 함실아궁이, 위로는 다락을 설치했다. 방의 창호는 정면과 배면으로 나 있는데, 정면은 세살문이고 어칸은 두 짝 미닫이다. 뒷면의 문은 청판이 있는 만살문이며, 대청과 방 사이에는 세살 미닫이문이 있고, 청암정 방향으로 판문板門이 설치되어 두 면은 개방되어 있는 형태다.

오른쪽 마루칸은 정면은 트여 있고 청암정과 마주 보고 있는 뒷면은 널로 짠 바라지창이 달려 있다. 그래서 정면은 전면이 개방된 우측 마루칸과 6분의 1 정도 열린 좌측 협칸이 열리고 닫힘

의 조화로움을 보여준다. 바라지창과 널판으로 막아놓은 뒷면은 청암정에서 바라볼 때 하나의 벽처럼 구성해놓았다.

맞배지붕에 민도리집인 이 건물은 장식적인 요소가 거의 없으며, 서재로서 그 기능에 충실한 소박한 건물이다. 독서를 좋아하는 담백한 성품의 주인이 공부를 하다가 한숨 돌릴 때 거북바위 위에 수려하게 앉은 청암정을 바라보았을 풍경이 절로 그려진다.

큰 학자이자 꽤 높은 벼슬에까지 올랐던 권벌은 훈구와 사림 사이의 화해를 주선하기도 하고 강직한 성품으로 사화에 연루되어 파직되기도 했다. 그는 말년에 양재역 벽서사건(1547년)으로 인해 삭주에 유배 가서 생을 마감해 실록에 졸기卒記 한 줄 남아 있지 않다. 강직하면서도 화해와 조화를 꿈꾸었던 권벌의 삶의 태도는 충재와 청암정, 두 건물이 만들어내는 풍경에 그대로 녹아들어 남아 있다.

고정관념을
깨다

한옥은 '지금 여기의 집'인가?

우리가 흔히 쓰는 여러 가지 용어 중에는, 의미는 전달되지만 어색한 용어가 참 많다. 대부분 임시로 대충 부르던 것이 이름으로 굳어진 것들이다. 그중 대표적인 예가 아마 '한옥'이라는 용어일 것이다.

'한국인이 살았던 전통적인 집, 혹은 그런 형식을 가진 집'이라는 의미인 것은 잘 알겠지만, 사실 이 용어가 언제부터 쓰이게 된 것인지 알 수 없다. 문제는 이 이름에는 어떤 정서적인 느낌도

없다는 것이다. 다양한 물건을 편의상 앞 글자를 따서 분류하고 칸에 넣는 것 같기도 하고, 심지어 서양의 주택을 일컫는 '양옥'의 반대 개념으로 그냥 지어놓은 이름이 아닌가 하는 의심마저 든다. '건축'이라는 용어가 '세운다建'와 '쌓는다築'라는 의미의 합성으로 일본인이 만들어놓은 용어를 비판 없이 사용하다가 보편적인 용어가 된 것처럼, 건조하기 그지없는 용어다.

그런데 문제는 이 이름을 대신할 좋은 이름이 생각나지 않는다는 데 있다. '한국의 집', '우리 민족의 집', '배달의 집', '조선의 집'……. 별의별 단어들을 다 조합해 보았지만 딱히 어울리는 단어가 생각나지 않는다. 물론 어디까지나 나의 느낌일 뿐이고, 달리 누가 내게 정해달라는 부탁을 한 것도 아닌데 공연히 혼자서 이런 생각을 하며 불편하게 전전반측한다.

한옥이라는 말이 마음에 들지 않는 것은 사실인데, 이미 너무 퍼져 있어서 그것을 새로운 말로 대체하는 일이 쉽지 않다. 그리고 용어와 마찬가지로 한옥의 형식, 즉 지금 우리가 알고 있고 표준으로 생각하는 한옥에도 많은 문제가 있다. 그것이 과연 일반화하고 표준화할 수 있는 정통의 양식이며, '지금, 여기의 집'이될 수 있는가 하는 의문이 있다. 아무튼 우리 민족의 집을 편의상일단은 '한옥'으로 부르기로 한다.

한옥은 꾸준히 진화하며 각 시대의 기후와 지역의 특성, 삶의형식을 담아왔다. 그러나 일제강점기를 지나며, 시험 전날 벼락

한옥은 지금까지 다양하고 변화무쌍하고
자유로운 형식으로 변화해왔다.
경북 상주의 대산루.

공부하듯이 급격히 몰아닥쳐와 뚝딱 해치운 근대화와 현대화의 과정을 거치며, 한옥은 잠시 억울한 누명을 쓰고 구석으로 몰린 때가 있었다. 시대에 뒤떨어진, 진부하고 불편한 과거의 주거 형식으로 치부된 한옥 대신 더 '현대적'인 모습의 주거 양식이 점점 골목을 채워갔다.

그 시기에 우리 집들의 형식과 정신은 많이 사라져버렸다. 그러던 중 언제부터인가 전통에 대한 새로운 시각과 우리 문화에 대한 자각이 생기며, 더불어 건강에 좋다는 이야기에 친환경적 측면이 부각되면서 한옥이 부흥되기 시작했다. 다행스러운 일이기는 하지만 여전히 문제는 지금 답습하고 있는 한옥의 형식이 절대적인 가치를 갖는 것인지, 또 지금의 여러 가지 삶의 여건과 형식에 부합하는지 하는 것이다.

몸에 좋다는 온돌, 기와지붕의 미려한 곡선, 낙숫물이 떨어지는 마당의 운치……. 전형적인 이미지로 다가오는 한옥의 형식만의 문제가 아니다. 전통을 계승한다며 고수해야 한다고 믿는 한옥의 재료와 기술 등을 지금 이 시점에 적용할 때, 통상 일반적인 건축 비용의 몇 배나 되는 막대한 비용을 지불해야 한다는 점이 더욱 큰 문제다.

그렇다면 지금 우리가 재현하는 한옥은 과연 어느 시점의 집인지, 어느 시점의 기술인지 고민해보아야 한다. 그리고 끊임없이 진화하고 개량되는 의식과 형식의 틀을 과거(주로 조선 중기 이후)의 어느 한 시점으로 고정하고 그것만이 정통이라고 말할 수 있는 것인지를 생각해보아야 한다. 그것은 내가 그동안 보아온 여러 전통 가옥이 갖고 있는 다양하고 변화무쌍하고 자유로운 형식들을 떠올려보면, 우리가 알고 있고 머릿속으로 그리고 있는 '한옥이라는 그림'은 아주 작은 일부분이라는 생각이 들기 때문이다.

아주 특별한 2층 한옥

요즘 2층 한옥이 지어졌다고 하는 소식을 여러 매체를 통해 접하게 된다. 사람들이 신기해하는 2층 한옥은 사실 아주 새로운 것은 아니다. 경북 상주에 가면 몇 백 년 된 2층 한옥을 만날 수 있다. 알고 보면 2층 한옥은 예전부터 있었는데, 조선 중기 이후 온돌이 보편화되며 점점 사라졌고 상주에서는 2층 한옥의 자취가 남겨져 있는 것이라 한다.

그 대표적인 집이 우복愚伏 정경세鄭經世 가문의 '대산루'다. 우복 정경세는 조선 중기의 정치인이며 큰 학자다. 그는 동시대의 학자이며 학문적으로 반대 진영에 있었지만 친한 벗이었던 사계沙溪 김장생金長生과 더불어 당대 예학禮學의 종장宗匠으로 평가받고 있다. 그가 평생 익히고 다듬은 학문의 거대한 물줄기를 조금 거

슬러 올라가면 퇴계 이황이 보이고, 서애 류성룡이 보인다.

정경세는 류성룡이 키워낸 제자이며, 류성룡은 이황이 키워 낸 훌륭한 인물이다. 다시 말해 그는 영남 성리학의 맥을 잇는 적 자인 셈이다. 류성룡은 학문적으로 뛰어났지만 정치인으로서는 큰 활약을 하지 못했다. 국난이 많았던 선조대의 정치가로서 바 빴던 그가 거의 유일하게 키워낸 제자가 정경세다. 그가 상주 목 사로 부임했을 때 청년 정경세를 발탁하고 가르쳤다고 한다.

이후 정경세는 정치인이자 학자로 평생 존경을 받으며 살았 고, 그가 죽었을 때 임금이 슬퍼하며 이틀 동안 조회를 중지했다 고 한다. 나는 학문적으로 정경세를 잘 알지는 못하지만, 그가 주 도해서 건축했다는 병산서원을 통해 그가 말하고자 하는 바를 조 금 이해하게 된다. 도산서당과 도산서원을 통해 이황을 이해하 고, 산천재와 뇌룡정을 통해 조식을 이해하고, 남간정사를 통해 송시열을 이해하는 것과 같은 맥락이다.

병산서원은 우리나라 서원의 형식을 완성한 서원이라는 의미 가 있다. 정경세는 병산서원을 구상하며 이전의 서원들이 보여 준 다소 분방한 형식과 질서를 정연하게 정리했는데, 그때 그가 사용한 도구는 '예禮'라는 개념이다. "나를 이겨내고 예로 돌아간 다克己復禮." 정문인 복례문復禮門을 통해 가파른 경사를 오르며 점 점 높은 곳을 향하게 만들어놓은 병산서원은 정경세가 풀어낸 예 에 대한 건축적인 방편서方便書이기도 하다.

정경세는 병산서원에
"나를 이겨내고 예로 돌아간다"는 개념을 적용하며,
이전의 서원들이 보여준 분방한 형식과 질서를 정연하게 정리했다.

그런 의미에서 건축이란 물리적인 재료와 기술로만 만들어지는 것이 아닌 정신으로 세우고 쌓는 정신의 집적체라고 할 수 있다. 병산서원을 통해 알게 된 정경세는 정신은 무척 아름답지만 그만큼 높고 딱딱하며 약간은 접근하기 어려운 사람이라는 생각을 많이 하고 있었다.

몇 해 전 가을, 상주로 답사를 갔다가 그를 다시 만났다. 정경세가 38세에 고향으로 돌아와 71세에 세상을 떠날 때까지 머물었던 곳과 그 일대를 '우산동천愚山洞天'이라고 한다. 그의 생전에는 작고 소박한 집이 있었던 곳이었는데, 영조가 정경세의 생전의 공을 치하하며 남북으로 10리, 동서로 5리의 넓은 영역을 하사했다고 한다. 물론 그의 사후의 일이며 이후 종가도 크게 중창되고 아주 멋진 강학과 독서의 공간인 '대산루'를 신축하게 된다.

우복 종가는 병산서원처럼 경사가 급한 곳에 앉힌 아주 단순한 집인데, 정경세가 지어서 살았던 집을 후세에 크게 증축한 것이라고 한다. 그곳에는 아직도 후손이 기거하고 있고, 근처에 초가로 지어진 2칸 너비의 작은 초가집인 계정과 대산루가 있다. 많이 커졌다고는 하지만 우리가 그동안 보았던 많은 종택에 비해 상대적으로 검소해 보이는 집이다. 다만 그 배치와 진입의 위계는 병산서원에서처럼 여전히 가파르고 강마르다.

일자 형태로 만들어진 사랑채에 앉거나 사랑채 뒤에 앉아 있는 안채의 대청에 앉거나 앞으로 쏟아져내릴 듯 가파른 마당을

경북 상주에 있는 대산루는 시대와 호응하고
당시의 생활을 수렴하며 당시의 기술로 지어졌다.
툇마루 끝에는 생소하고 파격적인 돌계단이 있고,
그 계단을 오르면 화려한 누마루가 둥실 떠 있다.

보게 된다. 물론 덕분에 앞으로 펼쳐진 전망이 시원하기는 하지만 이렇게 흘러내릴 듯 경사를 그대로 집 안으로 끌어들인 예는 처음 본다. 정경세의 독특한 건축관을, 혹은 그의 학문관을 보는 것 같다.

시대와 호응하며 진화하다

우산동천에 들어서며 제일 먼저 만나게 되는 계정이라는 건물은 종가와는 대조적이다. 정경세가 어린 시절 공부하던 곳이며, 그가 고향으로 물러나 공부하며 막걸리를 마시던 곳이라고 한다. 그 옆의 대산루는 2층으로 된 한옥이다. 그것도 온돌이 2층에 적용된 희귀한 사례다.

우리나라에 온돌이 보편화된 것은 17세기 이후라고 한다. 이전에는 쪽구들이라는 형식, 즉 일부만 구들을 들인 벽난로 같은 기능을 하는 구들이 있었다. 일부 부유층에서 온돌을 사용하기는 했는데, 17세기 이후 온돌이 보편화되며 우리의 주거 형식과 삶의 형식에는 많은 변화가 생겼다고 한다.

우선은 사람들의 생활 형식이 입식에서 바닥에 앉는 좌식으로 변화했다. 그러면서 가구의 형식과 창문의 형식 등 많은 건축적인 조건도 변하게 되었는데, 한옥이 수평적인 건축으로 바뀌게

경북 상주 지역의 독특한 주거 양식을 보여주는 양진당은
약간 경사진 지형을 그대로 이용했으며,
정면 9칸에 고상高床 구조로
남방 다습 지역에 적합한 형식이다.

된 것도 그런 생활의 변화에서 시작된 것으로 보인다. 더불어 고려시대까지는 보편적이었던 2층으로 된 건물이 거의 사라졌다고 추측된다.

한옥은 좌식이며 단층이라는 전제는 사실 그렇게 오래된 방식이 아니다. 궁궐의 일부나 혹은 사찰의 일부에서 볼 수 있는 다층 한옥이 아주 특수한 건축이 아니었다는 것이다. 희귀하게도 상주 지역에는 그런 한옥이 남아 있다. 조선시대 문신 검간黔澗 조정趙靖이 처가 문중의 99칸 가옥을 옮겨 지은 양진당이라는 집이 그렇고, 대산루라는 집이 그렇다.

대산루는 산을 만나는 집, 산을 대하는 집, 산을 보는 집, 산과 조응하는 집이다. 정면으로 난 툇마루의 끝에는 생소하고 파격적인 돌계단이 들어서 있고, 그 계단을 오르면 크지는 않지만 화려한 누마루가 둥실 떠 있다. 그리고 마루의 북쪽으로 방이 있는데, 그 방에는 온돌이 설치되어 있다. 아래층 부엌에 한 층 높이의 구들을 설치한 것인데, 이것은 아주 희귀한 예다. 그리고 그 뒤로 서재와 장서고가 있다. 내가 그곳에 갔을 때 귓가로 무언가가 휙 하고 지나갔는데, 혹 제비가 있나 하며 그 방에 들어가 보니 그것은 박쥐였다.

집은 T자 형태로 이루어져 있다. 1층으로 된 2칸 마루와 1칸 온돌방으로 구성된 단층 건물과, 1층에는 부엌과 구들이 있고 누마루와 온돌방과 서고로 구성된 2층이 있는 건물이 T자형으로

2층 건물의 하부에는 부엌과 창고 등
하인들의 공간을 만들어
이용자들의 동선이 교차되는 것을 최소화하는 등
대산루에는 무척 다양한 공간적 디테일이 숨겨져 있다.

만나는 구성이다. 두 채의 집이 직교하며 각 채는 다양한 경관을 얻게 된다.

많은 사람이 들어오는, 그러므로 접근이 용이해야 하는 강학 공간을 입구에 단층으로 놓고, 극히 사적인 공간은 안쪽 2층으로 올리고 공간을 교묘히 중첩했다. 누마루와 방, 서재, 서고 등은 외부로는 잘 보이지 않고 아늑하지만, 사방이 훤히 보이는 좋은 경관을 지킬 수 있게 만들어졌다. 2층 건물의 하부에는 부엌과 창고 등 하인들의 공간을 만들어 이용자 간의 동선이 교차되는 것을 최소화하는 등 이 집에는 무척 다양한 공간적 디테일이 숨겨져 있다.

대산루는 내가 본 많은 집 중에서도 멋있고 뛰어난 맵시를 가진 집이었다. 그리고 우리 전통에 대한 고정적인 시각을 깨는 집이었다. 이런 것을 우리는 진정 한옥이라고 불러야 한다고 생각한다. 시대와 호응하고 당시의 생활을 수렴하며 당시의 기술로 지어지는 집. 한옥은 한없이 유연하며, 뛰어난 세상을 보는 우리만의 가치를 담고 꾸준히 진화하면서, 동시에 지금도 한국 사람의 정서를 담아내는 집이다.

제 3 장

자연을 품은 집

이상적인
지혜에
이르다

불확정성의 원리

멀게는 로마의 그라쿠스Gracchus 형제부터 시작해서 동화 쓰던 그림Grimm 형제, 비행기 만들던 라이트Wright 형제 등 세상에는 유명한 형제가 많이 있다. 그중에서 '내가 가장 좋아하는 형제는 코엔Coen 형제'라고 가끔씩 농담을 한다.

코엔 형제는 미국의 영화감독이다. 세 살 터울의 그 형제는 꽤 오랜 시간 영화를 공동감독하고 제작해왔다. 그런데 그들이 만드는 영화는 매번 변함없이 재미있으면서 사람들을 깊은 성찰로 이끄는 묘한 매력이 있다.

독립영화의 정신을 잃지 않으며 상업영화를 소화한다고 해서, 어떤 이는 그들을 미국 영화의 축복이라고까지 이야기한다. 코엔 형제의 영화는 약간은 싱겁기도 하고 컬트적이며 때로는 전복적이기도 한데, 늘 어떤 철학적 명제를 바닥에 깔아놓고 이야기를 풀어간다.

2001년에 발표한 〈그 남자는 거기 없었다The Man Who Wasn't There〉라는 작품도 그런 영화였다. 빌리 밥 손턴·스칼릿 조핸슨·프랜시스 맥도먼드 등이 출연했고, 이 영화로 코엔 형제는 그해 칸영화제 감독상을 받았다. 내용은 아무리 자신이 그곳에 있었다고 주장해도 "설령 네가 거기에 있다고 해도……. 누가 그걸 믿어주겠느냐"고 부정당하는, 이럴 수도 없고 저럴 수도 없는 모호한 입장의 사나이(이발사 에드)의 이야기다.

"난 이렇게 이발소에서 일하지만 내가 이발사라고 생각한 적은 없다. 어쩌다 보니 이발사가 되어 있었다"라는 이발사 에드의 독백으로 영화가 시작된다. 서부영화에 나오는 총잡이처럼 눈을 삐뚜름하게 뜨고 담배를 문 주름이 자글자글한 얼굴이 흑백 화면 가득 나온다.

에드는 담배를 물고 조용히 일을 하기만 할 뿐 말이 거의 없는 편이고 표정의 변화도 없다. 다만 머리가 계속 자라고 있다는 것을 늘 하던 대로 머리를 깎다가 느끼고, 그 귀중한 머리카락을

'프라즈나의 집'은 숲으로 둘러싸여 있어
숲속으로 들어가는 배처럼 보인다.
ⓒ 김용관

쓰레기와 같이 버리는 것에 마음속으로 분개할 뿐이다. 그런 그에게 변화의 기회가 찾아온다.

어느 날 이발소에 찾아온 사람이 그에게 드라이클리닝 사업을 권유한 것이다. 그는 새로운 사업으로 자신의 인생에 변화를 주고 싶어 한다. 하지만 처남이 운영하는 이발소에서 고용된 신세인 그에게는 돈이 없다. 그래서 아내를 몰래 만나고 있는 백화점 사장에게 익명을 가장한 협박 편지를 보내고 돈을 받아낸다. 에드의 음모를 알아낸 백화점 사장이 그를 윽박지르고 방어하는 중에 에드는 본의 아니게 살인을 하게 된다.

그러나 경찰은 엉뚱하게 그의 부인을 범인으로 구속하고, 이발소의 주인인 처남은 가게를 담보로 돈을 꾸어 비싼 변호사를 고용한다. 거금을 주고 고용한 변호사는 능력을 보여주지는 않고 고급 호텔에서 비싼 음식을 실컷 먹더니 다급한 주인공들을 앉혀놓고 이상한 소리만 늘어놓는다. 그 내용은 불확정성 이론에 관한 이야기인데, 그는 현실에 개입하면 결과가 바뀐다고 일장 연설을 한다.

"이치 등을 알기 위해 관찰을 해야 하는데 그러나 간혹 관찰하는 행위 자체가 본질을 변화시킨다는 거요. 그래서 현상의 실체를 알기가 불가능하다는 거지. 또는 당신이 개입하지 않았으면 결과는 바뀐다는 거요. 진실을 아는 건 불가능하다는 거죠. 관찰하는 행위 자체가 그것을 변화시키기 때문에…… 이 이론을 불확정성 원리라고 하오. 어불성설 같지만 아인슈타인도 그 원리를 인정했소."

그리고 사건은 이상하게 왜곡되고 현실은 더욱 기괴하게 흐른다.

우주의 무작위성을 깨닫는 지혜

어느 날 밤 에드는 베토벤이 귀가 먹은 후 작곡했다는 〈월광 소나타〉를 듣고 집으로 돌아온다. 그때 그는 그의 집 벽에 달빛에 비친 나무의 그림자가 어지럽게 투사된 모습을 본다. 듣지도 못하는 음악을 작곡한 음악가의 음악을 듣고, 실체가 아닌 그림자를 보는 자신을 스스로 이발사라고 생각하지 않는 이발사인 에드는 무언가 왜곡된 현실 안의 존재다.

20세기 초에는 그동안 절대적이라고 생각했던 많은 것이 흔들렸다. 철학에서는 니체가 서구를 지탱해온 신앙을 뒤흔들었고, 아인슈타인은 뉴턴이 정리해준 질서정연한 세상, 즉 기계론적 우주관을 상대성이론으로 크게 뒤흔들었다. 그리고 거기에 더 나아간 이론이 '불확정성의 원리'다. 이 원리는 1927년에 독일의 이론 물리학자 베르너 하이젠베르크Werner Heisenberg가 발표했는데, 원자보다 작은 입자인 아원자 입자亞元子 粒子, subatomic particle의 움

오래된 나무는 '프라즈나의 집'의 중심이며,
몇 개로 나뉜 집의 덩어리들을 모으는 역할을 한다.
ⓒ 김용관

직임은 명확하지 않고 불분명해 예측하기 힘들다는 이론이다.

더욱 재미있는 것은 관찰자의 개입이 파동을 입자로 바꾼다는 사실이다. 즉, 우주의 핵심에 무작위성이 있다는 말인데, 서양의 직선적 사유 세계와 과학적 사고만으로 설명할 수 없는 무언가가 세상에 있다는 생각이다.

과학으로 알 수 없는 우주의 무작위성을 깨닫는 지혜가 프라즈나prajna다. '프라즈나'는 지혜를 뜻하는 산스크리트어이며, 이 단어를 한문으로 음역音譯한 것이 우리가 잘 아는 '반야般若'라는 말이다. 그런데 프라즈나가 의미하는 지혜란 현명하다는 의미가 더 확장되어, 모든 것을 막힘없이 두루두루 알면서도 경계가 없는 이를테면 가장 이상적인 지혜를 의미한다. 즉, '인간이 진실한 생명을 깨달을 때 얻어지는 지혜'라고 하는데, 보통 말하는 판단 능력인 분별지分別智, vijnana와 구분해 무분별지無分別智라고도 한다.

다른 종교와 달리 불교의 목표는 내세에 대한 구원이나 현세의 지복이 아니라 욕망을 버리고 깨달음을 얻는 것이다. 해탈을 통해 반야를 얻는 것이 불교의 가장 큰 줄기다. 그것은 한참 뒤로 물러나 세상을 보는 것과 욕망이 기억을 거치며 생겨난 여러 가지 왜곡된 혼돈을 걷어내는 것이다. 혹은 그런 과정을 거치며 걸어가는 길이기도 하다.

건축 또한 여러 가지 생활과 생각을 관통하는 길을 만드는 일이다. 그 안에는 가족이 담기고 가족의 생각이 담긴다. 생각은 방

건축은 여러 가지 생활과 생각을
관통하는 길을 만드는 일이다.
혹은 그런 과정을 거치며 걸어가는 길이기도 하다.

ⓒ 김용관

이나 마루나 마당 등의 공간으로 환원되는데, 그것이 만들어지고 어우러지는 데는 인간의 작위만으로 이루어지지 않는다. 우리가 알 수 없는 다양한 인자가 개입되며, 그 결과는 항상 어디로 가게 되는지 예측하기 힘들다.

'프라즈나의 집'은 숲으로 둘러싸여 있는 집이다. 그래서 집이 숲으로 들어가는 배처럼 보인다. 내가 설계하고 나의 의지가 들어가 있지만, 무언가 많은 화학반응이 일어나며 집이 지어진 듯한 느낌이 든다. 그래서 나는 이 집에 갈 때마다 누군가 그린 집을 구경하러 가는 것 같다.

땅의 형상도 찌그러진 배처럼 생긴 오각형이다. 그리고 그 배의 선수船首에는 100세쯤 되었을 것이라 우리가 믿고 있는 감나무가 자신의 속을 다 게워낸 채 활활거리며 하늘로 팔과 머리카락을 들어올리고 있다.

인간의 불완전성을 완전하게 만드는 길

2015년 어느 봄날 제법 쌀쌀했던 토요일 아침, 사무실로 중년의 부부가 찾아왔다. 그들은 우리에게 조용한 목소리로 차분하게 집을 짓고 싶다는 이야기를 했다. 네 식구가 살 집이며, 개를 키우고 있으며, 주거 공간과 별도의 작업실이 따로 있었으면 좋겠다고 했다. 그런 몇 가지 이야기를 중간에 들어가는 여러 가지 브리지를 생략한 채 봉우리들만 둥둥 떠다니는 운해雲海처럼 살을 다 발라내고 형해形骸만 남은 문장으로 우리 앞에 늘어놓았다.

경기도 과천시 문원동이라는 곳에 10여 년 전에 땅을 샀는데, 동네의 끝이고 산과 붙어 있고 주변에는 이미 집들이 거의 다 채워졌다. 그리고 땅에는 아주 멋진 감나무가 있는데 그 나무가 잘 보존되기를 바란다, 대충 이런 이야기였다.

며칠 후 땅을 보러 갔다. 정부과천청사 인근의 고속화도로 맞은편에 있는 사기막골은 아주 태평한 동네였다. 땅은 폭신했고 나무들이 숲을 이루어 이불처럼 포근하게 동네를 덮고 있는 곳이었다. 집들이 길가에 도열하고 있었는데, 모두 멀찍이 떨어져 있는 것처럼 느슨했다.

집 지을 땅 주변으로 목책이 둘러 있었고 대지의 꼭짓점에는 말로 들었던 감나무가 거룩한 표정으로 잔 나무들을 거느리고 서 있었다. 대지 주변을 빙 돌아보았다. 바로 붙은 언덕에는 참나무가 잔뜩 모여 있었고, 조금 오르니 석물을 제대로 갖춘 묘가 능선의 콧잔등 위에 올라타 있었다. 보아하니 청계산에서 흘러나온 산의 한 줄기였고, 그 줄기는 어떤 문중의 뼈대를 이루고 있는 듯했다. 나는 잘 부탁한다는 인사를 하며 비탈길을 옆으로 걸으며 내려왔다.

늘 그렇듯 땅을 그리고, 그 안에 생활의 공간을 부어넣었다.

이 집을 이루는 가장 중요한 내용은 '성찰'이었다. 부인은 차를 공부하고 차를 마시고, 남편은 일을 하는 시간 외에는 불교를 공부하고 좌선을 한다. 가장 먼저 차를 마시는 공간을 집의 전면에 두었고 좌선을 위한 공간을 집의 가장 깊숙한 곳에 넣었다.

일상생활을 위한 방들과 식당과 욕실 등을 배치했는데, 길에 비해 안쪽으로 약간의 고저차가 있는 땅을 이용해서 각 공간을 조금씩 다른 높이에 앉혀놓았다. 그렇게 되면 공간들은 각자의 좌표가 생기며 각자의 정체성도 생길 거라고 생각했다. 감나무를 둘러싸며 집의 기능들을 붙여나갔다. 나무는 집의 중심이 되며, 몇 개로 나뉜 집의 덩어리들을 모은다. 집은 안팎을 아우르는 어떤 움직임으로 묶인다. 대강 설정한 얼개는 그랬다.

시작과 끝은 맞붙어 있다. 윤회의 동선처럼 집을 관통하는 선을 그었다. 오각형의 땅 경계에 가깝게 둘러싸며 방들을 놓았다. 그 가운데는 마당을 만들고 그 마당은 감나무를 향해 열리게 만들었다. 그리고 방들과 마당과 테라스는 계속 이어진다.

마당을 중심으로 동심원이 그려지고, 그 동심원에는 내부와 외부가 꿰여 있다. 시작과 끝이 이어져 있고 내부와 외부가 이어져 있는 것이다. 집의 주요 공간과 감나무 사이에는 나무로 지은 한 사람이 겨우 몸을 누일 만한 작은 명상의 공간을 두었다. 그리고 집의 이름을 '프라즈나의 집'이라고 지었다.

'프라즈나의 집'은 산이 집으로 들어오고 집이 산에 안기며,

아내는 차를 공부하고,
남편은 불교를 공부하고 좌선을 한다.
그래서 가장 먼저 차를 마시는 공간을 집의 전면에 두었다.

ⓒ 김용관

집의 안과 밖이 서로 얽혀 있는 집이다. 주인은 산과 가장 가까운 곳에 초막을 짓고 그 안에서 세상을 관조한다. 그 무작위의 공간들을 꿰어나가는 동선이 이 집의 핵심이다.

불교가 추구하는 궁극적인 목적은 '깨달음'에 있다. 그 깨달음은 경계가 없는 지혜를 얻어 욕망에서 벗어나는 것이다. 세상의 모든 것은 서로 연결되어 있고 서로에게 영향을 미친다. 그래서 절대적인 어떤 상이나 절대적인 어떤 위치는 없다. 모든 존재는 실체이며 그림자이고 영혼이며 육체이기도 하다. 집이라는 공간 역시 하나의 길이라고 하면, 그 길은 깨달음이나 지혜에 이르는 길일 수도 있고, 인간의 불완전성을 완전하게 만들기 위해 걸어가는 길이기도 하다.

수직과
수평이
조화를 이루다

선을 긋는다는 것

나는 가본 적은 없지만 르네상스시대의 미술가 미켈란젤로의 작업실에는 'Nulla dies sine linea'라고 쓰여 있었다고 한다. 라틴어인데 번역하면 '선을 긋지 않고 하루를 보내지 마라'는 뜻이다. '하루라도 글을 읽지 않으면 입안에 가시가 돋친다'는 금언처럼 비장하다.

예술가의 기본을 강조하는 덕목인 듯하다. 선을 긋는다는 것은 드로잉을 의미하는 것이고, 기본을 끊임없이 다져나간다는 의지의 표현일 것이다. 그림을 그리거나 조각을 하거나 어떤 조형이나 공간을 창조하는 예술인에게도 드로잉은 가장 기본이 되는 일이며 알파이며 오메가다.

건축가들 역시 무수한 선을 그으며 살고 있다. 나에게는 선에 대해 좌절한 경험이 몇 번 있다. 데생이라는 것을 처음 배울 때였다. 그림을 그리는 것이 그냥 느낌대로 본 대로 그리면 된다고 생각하는데, 우리의 교육은 그렇지 않다. 내용보다는 형식을 지나치게 강조하고 그 안에서 서열을 매긴다.

미술교육도 예외는 아니었다. 그림의 가장 기본은 데생이라며, 고등학교 미술시간에 4B연필, 그 무른 연필심으로 켄트지에 구형, 삼각뿔, 정육면체 등의 석고 덩어리를 그렸다. 한번에 형태를 잡는 것이 아니라 연필을 길게 잡고 여러 번 그어가며 형태를 찾아내고 음영을 선으로 표현하는 것이었다. 무른 연필심이 켄트지와 마찰을 하면서 뭉개지며 그려진 도형은 형태가 뭉그러진 검은 숯검댕이였다. 그림을 그리면 그릴수록 점점 깊은 수렁으로 빠져들어갔다.

이때 본격적으로 '나는 그림과 맞지 않아' 하며 포기했던 것 같다. 옆에서 그런대로 비슷하게 그림을 만들어내는 친구를 보며 그런 결심은 더욱 굳어졌다. 그 데생이라는 행위가 나의 첫 번째 선에 대한 좌절이었다.

건축에 대한 사전 지식이 없이 대학에 입학하니, 건축이라는 영역으로 들어가기 전에 입구를 지키는 사나운 수문장처럼 선이 우리를 기다리고 있었다. 전혀 생각지도 못한 당황스러운 일이었다.

도술을 배우기 위해 몇 년 동안 물을 길어나르고 장작을 패는 만화영화 속의 주인공처럼 선을 긋는 일로 건축에 대한 배움이 시작되었다. 본격적인 건축 설계로 들어가기 전에 한 학기 정도는 제도를 하는데, '제도製圖'란 말 그대로 작도作圖하는 법을 배우는 과목이다.

연필로 자유롭게 스케치를 하는 것이 아니라 자를 대고 정확하게 치수를 맞춰 선을 긋고 그림을 그리는 것이다. 익숙하지도 않은 여러 가지 제도 용구와 제도용 연필로 선을 그리는 것은 손발을 묶고 운동장을 몇 바퀴 도는 것처럼 부자연스럽고 번거로운 일이었다.

첫날 수업에 조교가 들어와 별다른 설명도 없이 4절 켄트지를 나누어주고 몇 센티미터 간격으로 테두리를 그리고 그 안에 자를 대고 선을 가득 그려오라고 했다. 어떤 자세로 어떻게 그리라는 작도 요령에 대한 설명은 없었다. 그냥 제도판에 코를 박고 선을 그리기 시작했다.

물론 자를 대고 긋기에 선은 반듯하게 그어졌지만, 긋는 동안 연필심이 물러져서 처음 시작 부분의 선은 얇고 마지막은 아주 굵은 선으로 끝났다. 예전에 석고를 데생할 때처럼 그리면 그릴

수평으로 길게 뻗어나간 집은 원래부터 자리 잡고 있었던
수직의 소나무와 어우러지며
대지에 처음 그렸던 선의 의지를 확인시켜준다.
그래서 이 집을 '선의 집'이라고 불렀다.

수록 선은 점점 엉망이 되었고, 켄트지는 연필 가루 범벅이 되어 가고 있었다. 무척 많은 시간을 들여 한 장을 완성했다.

'동양의 선'과 '서양의 선'

몇 시간을 공들여 선을 다 그려서 제출했는데, 담당교수는 선의 굵기와 진하기 등을 사인펜으로 체크해 새빨갛게 표시를 해서 되돌려주었다. 그리고 불합격이니 다시 그려오라고 했다. 지금 생각해도 끔찍한 일이었다. 영원히 빠져나올 수 없는 미로처럼, 혹은 영원히 깨어나지 못하는 악몽처럼, 불합격당하고 또 불합격당하는 일이 1년 내내 반복되었다. 그러나 나중에 알았다. 그것은 선을 그리는 것이 아니라 인내심을 키우는 하나의 과정인 것을……

건축은 근본적으로 사람이 사는 곳이다. 건축가가 실수를 하거나 대충 일을 하면 그 안에 사는 사람에게 엄청난 피해를 준다. 어떤 경우에는 목숨이 위험해지는 경우도 있다. 그러므로 무척 신중하게 그리고 인내심을 갖고 건축에 임하라는 하나의 경고이며, 건축에 대한 올바른 자세를 잡아주는 과정이었다.

그러나저러나 그것은 내가 겪은 선에 대한 두 번째 좌절이었다. 그렇게 좌절 속에서 어렵게 배운 선을 매일 긋고 있다. 시작과 끝이 일정하게, 죽지 않고 살아 있는 선을 긋기 위해 무척 노력한다.

여러 종류의 선이 있다. 선이란 단순히 연필이나 붓으로 종이에 자국을 남기는 것이 아니라 정신적인 어떤 경지를 지향한다. 때로는 선 하나가 굉장한 묘사가 들어간 그림보다 많은 정신을 표현하기도 한다.

동양의 선이 있고 서양의 선이 있다. 서양의 선은 나를 좌절시킨 데생의 선처럼 올바른 선을 찾기 위해, 아니 선의 이데아를 찾아내기 위한 하나의 과정과도 같다. 무수히 많은 선을 그으며 그 안에서 진정한 선을 찾아낸다. 그런 많은 기다림에 지치면 그림을 그릴 수 없다. 좀 과장되게 표현하자면 무척 귀납적인 과정이다.

동양의 선은 일회적이며 우연에 기댄다. 단번에 하나의 선을 그어낸다. 물론 그 선을 긋기까지는 오랜 수련이 필요하고 수양이 필요했음은 당연하다. 그러나 그에 대한 어떤 논증도 없고 어떤 수식도 없다. 단지 선을 그어낸다. 그리고 그 선을 이해하면 된다. 어찌 보면 그 뒤에 달리는 이해와 해석은 사족처럼 느껴진다. 연역적인 선이다.

가끔 재미삼아 한·중·일 삼국의 선을 비교하기도 하는데 대표적인 것이 지붕의 용마루 선과 처마 선이다. 중국의 선은 과장되고 화려하다. 그 움직임이 커서 조금 소란스럽다고 느껴진다.

한국의 선은 모호하다.
버선코처럼 무언가 뾰족한 듯하면서도 뭉툭하고
도자기의 선처럼 우아하지만
그 의미를 알 수 없는 무어라 표현하기 힘든 곡선이다.
ⓒ박영채

일본의 선은 직선적이면서 화려하다. 굵은 목소리로 남성미를 드러내고자 하는 사무라이의 느낌이 든다.

반면 한국의 선은 어떤가. 무척 모호한 선이다. 버선코처럼 무언가 뾰족한 듯하면서도 뭉툭하고 우리 도자기의 선처럼 우아하지만 그 의미를 알 수 없는 무어라 표현하기 힘든 곡선이다. 극단적인 두 나라의 선과는 다른 독특함을 갖고 있다. 의도를 명확하게 알 수 없는 묘한 곡선이 보인다.

그런데 가만히 생각해보면 우리의 범종梵鐘 곡선이 그렇고 한량무閑良舞나 승무의 춤사위가 그렇다. 선을 부드럽게 긋는데, 어깨의 힘을 빼고 작위적인 선을 경계하며 무심히 그려내는 선이라는 생각이 든다. 그것은 아마 오랜 시간 이 땅에서 살아오며 자연스럽게 스며든 땅의 의지라는 생각이 든다.

건축 또한 궁극적으로는 땅 속에 숨어 있는 의지를 찾아내는 일이다. 그럴 때 건축가의 역할은 다른 차원의 존재 속에 숨어 있는 의지를 찾아내는 주술가와 같고 땅 속에 숨겨진 시간을 복원해내는 고고학자와 비슷하다.

빈 땅에서 선을 찾아내 집을 세우다

충남 아산 염치저수지는 무척 풍광이 좋다. 그래서인지 저수지를 빙 둘러 집들이 들어서고 있다. 산이 적당한 거리로 물러서 있으며 저수지의 수량도 아주 넉넉하다. 그리고 남쪽은 훤하게 열려 있다. 호수라고 하면 무언가 정서적이고, 저수지라고 하면 무언가 너무 기능적인 이름이고 건조하다는 이상한 선입견이 있다. 동네를 품어 안은 저수지의 이름에 들어간 염치라는 말은 체면 혹은 세상을 살아가는 데 최소한의 인간적인 자각을 뜻하는 우리말이다. 또 염치는 소금고개라는 뜻이기도 하다.

어떤 사람이 그곳에 있는 아주 훤칠한 땅을 마련해서 주택 설계를 의뢰했다. 근처에서 사업을 하는 50대 초반의 신사였는데 음악을 좋아하고 좋은 오디오를 갖춘 음악실을 갖기를 원했다.

집을 앉힐 땅에 간 날은 햇살이 좋은 봄날이었는데, 나뭇잎의 색도 아주 좋았다. 조금은 건조하고 속도가 빠른 국도를 한참 달리다 좁은 길로 접어들었다. 이윽고 염치저수지가 나왔다. 그리고 비어 있는 땅에 도착했다. 풀이 대충 자라고 있었고 훤칠한 소나무들이 땅의 끝머리에 윤곽선을 따라 서 있었다. 가로로 길게 펼쳐진 수평적인 물과 수직의 훤칠한 소나무가 주는 풍경이 인상적이었다. 그리고 땅도 가로로 긴 형상이었다.

대지와 물 사이에는 4미터 정도 높이 차이가 있었는데, 가까이 가서 내려다보니 저수지와의 사이에 논이 있었다. 그 논에는 물이 찰랑거리고 있었다. 땅의 가운데서 보면 막힘없이 물이 쭉 펼쳐지고, 내 시야에서 물이 끝나는 부분 양쪽으로 산이 보이고 하늘이 열리고 있었다. 아주 편안한 땅이었고, 거칠 것도 없는 땅이었다. 바꿔 말하면 무엇이든 해도 되지만 무엇을 해야 할지 알기 힘든 땅이기도 했다. 이 땅에는 수직이든 수평이든 선을 죽 그어야겠다는 생각을 했다.

건축에서 선이란 책임이 따르는 행동이다. 단순히 종이에 가지런히 흔적을 만드는 것이 아니라, 조금 전에 그은 선과 지금 긋는 선이 어떤 관계를 맺게 되는지에 대해 생각해야 하는 일이기도 하다. 점과 점, 선과 선은 일정한 간격을 가져야 한다. 너무 가까워져도 안 되고 너무 멀어져도 안 된다. 일정해야 하고 객관적이어야 한다. 그런 생각을 하며 설계를 시작했다.

일단 집을 지을 땅을 종이에 그렸다. 땅을 그려본다는 것은 그것을 이해하기 위한 수단이다. 나는 주로 이 방식으로 땅을 이해하고 땅과 대화를 한다. 물론 땅이 내가 알아들을 말로 이야기한 적은 한 번도 없다. 다만 내가 묵묵히 선을 이어가며 땅을 그리고, 주변의 풍경을 그리고, 풀이나 나무를 그리고, 해가 만들어내는 빛과 그림자를 그리다 보면, 어느새 땅의 색과 냄새가 내 몸 안으로 스며들고 있음을 느낀다.

건축주는 우리에게 자신의 생활을 설명했고 자신의 기호를 설명했다. 우리는 건축주의 요구를 우리가 이해한 땅의 결에 맞춰서 앉혔다. 앞에 있는 저수지와 최대한 거리를 두고, 땅의 끄트머리에 가로로 긴 선을 긋고 그 선에 여러 가지 기능의 공간들을

건축주는 자신의 생활과 자신의 기호를 설명했다.
우리는 부엌과 거실, 가족의 침실,
주인이 머물며 음악을 들을 별채를 차례로 연결했다.

ⓒ박영채

앉혔다.

집을 도로와 물과 평행하고 길게 펼치고, 필요한 공간들, 즉 부엌과 거실, 가족의 침실, 주인이 머물며 음악을 들을 별채를 차례로 연결했다. 그리고 각 공간의 사이마다 마당을 끼워 넣었다. 땅의 흐름을 그대로 반영해 살짝 꺾인 집을 도로에서 볼 때, 자칫 장벽같이 단조롭게 보이지 않도록 중간중간 바람이 들락거리고 시선이 들락거릴 수 있는 구멍을 뚫어주었다.

집은 여러 개의 마당을 품으며, 실제보다 길어 보였다. 수평으로 길게 뻗어나간 집은 원래부터 자리 잡고 있었던 수직의 소나무와 어우러지며 대지에 처음 그렸던 선의 의지를 확인시켜주었다. 우리는 이 집의 이름을 '선의 집casa linea'으로 부르기로 했다.

경계와
경계를
넘나들다

도를 닦기 위한 첫 관문

강원도 속초는 모두 알다시피 동해안에 있는 항구도시이자 설악산에 안겨 있는 도시다. 그래서 큰 바다와 큰 산을 동시에 볼 수 있는 곳이고, 태양도 강렬하고 바람도 강렬하며 모든 색이 스스로 거침없이 드러내는 곳이다. 언제 보아도 바다는 방금 닦은 자동차 유리처럼 깔끔하고 산뜻하다.

또한 산도 자존심이 무척 강한 모습으로 누구와도 타협하지 않을 듯한 자세로 목을 세우고 꼿꼿하게 서 있다. 나는 그런 속초가 좋다. 그래서 아무 연고도 없지만 틈나는 대로 일부러 기회를 만들어 그곳으로 달려가기도 했다.

어느 날 속초에 집을 짓겠다는 사람이 찾아왔다. 얼굴에 꼼꼼함이 촘촘히 박혀 있었지만, 부드러운 인상을 가진 사람이었다. 만나자마자 집에 대해 많은 이야기를 하고 선뜻 일을 맡고 집 지을 땅을 보기 위해 곧바로 속초에 갔다. 집을 지을 곳은 설악산으로 들어가는 길가에 있는 도문동이라는 오래된 동네 안에 있었다.

도문동은 도道로 들어가는 문門이라는 뜻이라고 한다. 신라 때의 원효대사와 의상대사가 설악산으로 가다가 이곳에서 홀연히 크게 깨달아 '도통의 문'이 열렸다 하여 '도문道門'이라는 지명이 생겼다고 전한다. 수도승들이 도를 닦기 위해 설악산으로 들어가는 첫 관문을 의미한다는 설도 있다.

집 지을 곳은 무척 넓은 땅이었다. 그리고 한 구석에 10평 정도 되는 낡은 집이 한 채 있었다. 그 집은 외장을 회벽이 아닌 나무 널로 둘러 주변의 집들과는 사뭇 다른 모습이었다. 안은 밭 전田 자 모양으로 방을 겹쳐 놓은, 추운 지방 고유의 주거 형태인 겹집으로 강원도식보다 함경도식에 가까운 일자집이었다.

오래된 나무 외장은 세월이 쌓여 멋지게 변색이 되어 있었고, 언제 얹은 것인지 가늠할 수 없는 녹슨 철판지붕은 낡았지만 집과 한몸이 되어 자연스러워 보였다. 그리고 비가 샌 흔적도 없었고 기울거나 썩은 곳이 거의 없어 조금만 손을 보면 당장이라도

집터에 있던 옛집은
추운 지방 고유의 주거 형태인 겹집으로
강원도식보다 함경도식에 가까운 일자집이었다.
ⓒ박영채

들어가 살아도 될 정도였다.

　주인에게 물어보았더니 그 집은 등기가 없어 지어진 연도를 알 수 없고, 사람이 산 지도 너무 오래되어 헐어버릴 생각이었다고 했다. 그래서 집의 상태에 대한 의견을 말하고 한 번 고쳐보자고 이야기했다. 그래서 주차장 터가 될 뻔했던 오래된 집은 일단 살아남게 되었다.

100년의 시간을 복원하다

　우선은 집의 내력이 궁금했다. 보통은 집을 둘러싸고 있는 내부 벽이나 천장을 뜯어내다 보면 타임캡슐을 묻어놓듯이 대들보에 집을 지을 때 써놓은 상량문이 나오기도 한다. 기타 여러 가지 기록을 통해 그 집을 지은 연대와 정보를 알게 되는데, 이 집에는 상량문도 없었고 어디에도 집의 연대를 추정할 단서가 없었다. 다만 뜯어낸 벽지 속에 초배지로 사용했던 다양한 시간의 오래된 신문들이 불쑥불쑥 나오기만 했다.

　그러던 어느 날 동네 어르신 한 분이 지나가다가 문득, 여기서 자기가 태어났으며 이 집은 약 100년 전 설악산 울산바위 근처 암자에 있던 요사채를 옮겨와 지은 것이라고 이야기해주었다. 알고 보니 100년이 훨씬 넘은 집이었다. 우리의 궁금증은 풀

고쳐진 집에는 다시 온기가 돌기 시작했고,
대청 시렁과 안방 시렁 위에 성주신이 거할
항아리를 한 개씩 올려놓았다.
ⓒ박영채

렸지만 그렇다고 무엇이 달라질 것은 없었다. 처음에는 단순히 내외장을 조금 손보고 변형된 곳을 원형으로 복원하는 정도로 간단히 생각하고 시작했는데, 세상의 모든 일이 그렇듯 쉬울 듯 쉽지 않게 공사가 진행되었다.

이 집에는 두 명의 성주신(집을 지켜주는 가신家神)이 살고 있다고 한다. 하나는 울산바위 앞 암자에서 집을 옮겨올 때 따라온 성주신이고, 하나는 여기 도문동에 옛날부터 살고 있던 성주신이다. 그런데 암자에서 온 성주신이 위계가 더 높아서 사사건건 도문동 성주신에게 자신이 이 집의 주인이라고 우겼다고 한다.

이 이야기는 모두 목수의 꿈 이야기다. 이 집이 100년이 넘은 집이라는 이야기에 자극이 되어 그런 꿈을 꿀 수도 있지 하며 웃어넘길 수도 있었다. 그런데 왠지 목수나 집주인이나 우리 모두 그렇게 생각하지 않고 현실에서 있었던 듯, 목수가 어느 날 찾아온 성주신들과 새참을 먹으며 진짜로 주고받은 대화인 양 당연하게 받아들였다.

크지 않은 집이라 그리 오래 걸리지 않을 것이라 생각하고 시작한 공사가 예상치 못한 여러 가지 일이 겹치며 많이 늘어졌다. 그러는 동안 집주인 내외를 비롯해서 공사를 하는 목수, 현장소장까지 몸이 아팠다.

심지어 공사를 포기할까 생각하고 있던 목수는 어느 날 밤 꿈에서 사람 좋게 생긴 도문동 성주신을 만나 집을 잘 고쳐주어서

고맙다는 인사를 들었다. 그리고 이 공사가 끝나면 자기가 내쫓긴다며, 일을 다 끝내지 말고 조금 남겨놓으라고 당부를 하며 사라진 후 장난꾸러기처럼 생긴 암자에서 따라온 성주신도 방실거리며 와서는 고맙다고 인사를 했다고 한다.

잠에서 깬 목수는 약간은 어리벙벙했지만 꿈이 너무 생생해서 성주신이 한 말을 꼭 지켜야 할 것 같다고 생각했다. 결국 떠나지 말고 일을 잘 마쳐야겠다고 마음먹었다.

우리는 목수의 꿈 이야기를 아주 상세하게 전해 듣고, 조만간 꼭 울산바위 앞에 있는 그 암자에 가서 인사를 드리자고 했다. 그리고 집을 다 지으면 마루와 방에 신주단지 두 개를 모셔 두었다가, 옆에 새로 집을 지을 때 신주단지 하나를 그리로 옮기기로 했다. 아무튼 세상에는 우리가 모르지만, 보이지도 않지만 존재하는 것이 많이 있다.

그렇게 우리는 땅이 갖고 있는 과거를 복원했다. 겨울이 지나고 봄이 거의 다 와 가는 시절에 집이 고쳐져서 사람들을 모아 고사를 지낼 무렵 그곳에 눈이 많이 왔다. 그리고 그날 밤에 갑자기 어디선가 호랑나비가 들어와서 집 안을 맴돌다 하룻밤 머물고 갔다고 주인이 전해주었다.

시간의 문이자 이야기로 들어가는 문

간혹 집을 지을 때 도저히 설명이 되지 않는 신기한 일을 만나는 경우가 있다. 신화 속에서나 나옴직한, 혹은 예전에 할머니나 할아버지가 겨울밤에 심심풀이로 해주는 이야기처럼 그런 일들이 너무나 천연덕스럽게 우리 앞에서 펼쳐진다.

예전에도 지리산에서 집을 지을 때 땅 한가운데 있던 큰 바위를 함부로 옮겼다가 사람이 여럿 다친 적이 있었다. 그런 일들을 겪다 보니 성주신이니 산신이니 하는 전설 속에서나 들어봄직한 이름에 대해 전혀 거부감이 없는 편인데, 집을 짓거나 땅을 만나거나 아주 신기한 인연의 끈이 당기는 일이라는 생각을 한다.

이 집도 원래는 옛집을 허물어 주차장으로 사용하고 넓게 남은 땅에 새로 집을 짓는 계획으로 시작되었는데, 집주인이 우리와 만나며 집을 살리게 된 그 일련의 과정이 단순한 우연의 결과로 보이지 않았다.

우리에게는 종종 그런 일들이 생긴다. 가끔 집을 살려내는 일을 할 때마다, 오래된 집에는 아주 복잡하고 깊고 깊은 자아ego가 있다는 생각을 한다. 보통 집을 짓는다는 것은 건축주와 건축가와 땅이 서로 의견을 교환하고 서로 양보하며 서로 자기주장을 하는 일이다. 삼자의 의견을 조합하고 통합해 조화롭게 집을 짓는다는 것은 어려운 일이다. 아주 복잡한 방정식을 푸는 일과 같다.

새로 설계한 두 채의 집도
원래 있던 집의 모양과 닮고,
집을 에워싸고 있는 산들과도
비슷한 모양으로 완성되었다.
ⓒ박영채

그런데 오래된 집을 고치는 것은 땅과 건축주와 건축가 이외에, 집이라는 또 다른 자아가 끼어들어오는 일이며 그 방정식은 훨씬 더 복잡해진다. 이럴 때 건축가의 역할은 그 사이에서 이야기를 듣고 말을 전달하며 종합해 서로 의가 상하지 않도록 조심스럽게 결과물을 끄집어내는 일이다.

어쨌거나 도문동 옛집은 성주신들이나 주인이나 얼마나 만족했는지 알 수 없지만, 말끔해지고 다시 온기가 돌기 시작했다. 그리고 대청 시렁과 안방 시렁 위에 성주신이 거할 항아리를 한 개씩 올려놓았다.

이제 새 집을 지을 때가 되었다. 집주인은 딱딱한 외관에 부드러운 실내의 집을 짓고 싶다고 했다. 그래서 콘크리트로 외관을 만들고 안에는 나무로 집을 짓는 것이 어떤가 하고 물었다. 우리의 프로세스가 늘 그렇듯 설계 이야기는 아주 조금 하고 대부분 세상 돌아가는 이야기 혹은 각자가 알고 있는 재미있는 이야기를 나누며 서울과 속초를 오갔다. 늘 느끼는 것이지만 설계라는 것은 건조한 뼈대를 바닥에 깔아놓고 건축주와 건축가와 땅의 이야기를 뿌려서 생명을 만드는 일이다. 이 일 역시 많은 이야기가 오고갔고 그 이야기들이 집을 만들었다.

그러다 옛집을 고치고 겨울을 보내고 나서 건축주는 면적과 집에 대한 생각이 바뀌게 되었다. 막연히 큰 집 혹은 튼튼한 집을 그리던 것이 삶에 적당한 크기와 편안한 재료에 대해 생각하게

남향으로 골고루 햇빛이 잘 들어오도록
일자로 길게 방들과 부엌을 배치했다.
ⓒ박영채

된 것이다. 그리고 어느 날 찾아오더니 어렵게 설계를 다시 하자는 제안을 했다. 물론 설계를 두 번 하는 일은 어려운 일이고 어찌 되었건 말려야 하는 일이었지만, 그간의 상황을 설명하는 건축주의 이야기를 들어보니 타당하다는 생각이 들었다.

그렇게 해서 새로 설계한 집은 그전의 커다란 콘크리트 덩어리가 아닌 원래 있던 집의 모양과 닮고, 집을 에워싸고 있는 산들과도 비슷한 모양으로 완성되었다. 일단 집을 두 채로 나누어 모두 남향으로 햇빛이 잘 드는 집이 되도록 하고, 일자로 길게 방들과 부엌을 배치한 안채와 거실 겸 음악실, 다락을 겸한 사랑채를 배치했다. 그렇게 해서 하나의 땅에 세 채의 집이 산봉우리처럼 땅 위에 불쑥불쑥 솟아올랐다.

집을 짓다 보면 예상하지 못한 상황을 만나기도 하고 예상하지도 못한 이야기를 만나기도 한다. 시간과 기억의 얼개 위로 인간과 땅의 의지가 얹히며 현재와 미래가 입혀진다. 그런 의미에서 건축이란 아주 복잡하고 다차원적인 구조물이다.

문은 우리를 어디론가 들어가게도 하고 나오게도 한다. 창은 시선이 넘나들고 문은 공간이 넘나든다. 건축은 넓은 의미에서는 어디론가 들어가는 문이다. 그 문은 엘리스의 그루터기처럼 새로운 세계로 들어가게 한다. 건축은 세상과 가족의 경계, 혹은 과거와 현재, 현재와 미래의 경계를 넘나들게 해주는 문이다.

자연을 즐기다

오뚝한 산과 유장한 물을 품다

두메라는 말은 사람의 발길이 닿지 않는 땅의 안쪽 깊은 곳을 가리키는 우리말이며, 자연스럽게 뒤에 산골이라는 단어가 단짝처럼 따라붙는다. 지금이야 워낙 교통이 발달하고 어디든 손 안에 들어 있는 스마트폰으로 검색해서 콕 짚으면 경로와 지역 정보를 알 수 있기 때문에 지구의 어디라도 우리 눈길에서 벗어날 수 없지만, 아직도 심리적으로 두메나 오지라는 말을 듣는 곳이 몇 군데 있다.

영양군은 경상북도에서 가장 고지대에 있으며, 울릉군에 이어 우리나라에서 두 번째로 인구가 적고 육지에서는 첫 번째로 인구가 적은 행정구역이라고 한다. 볕이 좋아 맵싸하고 달콤한 이 고장 특산물 영양고추가 잘 자라는 곳이며, 인물도 많이 나온 곳이다.

우리가 잘 아는"얇은 사紗 하이얀 고깔은"으로 시작하는「승무」를 쓴 대표적인 시인 조지훈이 태어나서 자란 곳이며, "빈 가지에 바구니 걸어놓고 / 내 소녀 어디 갔느뇨 / …… / 박사薄紗의 아지랑이 / 오늘도 가지 앞에 아른거린다"라는 짧지만 강렬한 시「내 소녀」를 썼던 오일도가 자란 곳이다. 또한 소설가 이문열도 이곳에서 자랐다. 말하자면 문학 기행만으로도 하루 종일 돌아다닐 만한 곳인데, 영양이 좋은 곳이라는 것을 대부분의 사람들이 잘 모른다.

나 또한 나름으로는 전국 방방곡곡을 다 헤집고 다녔다고 자신하지만, 어떻게 된 영문인지 이곳과는 인연이 닿지 않아 한 번도 가본 적이 없었다. 언젠가 꼭 가보리라 여러 해 다짐하다가 몇 년 전 별다른 일이 없었던 토요일 새벽에 무턱대고 눈을 비비며 차를 몰고 떠났다.

일단 영양으로 가는 명분은 서석지瑞石池와 사월종택沙月宗宅을 보기 위해서였다. 서석지는 우리나라의 대표적인 정원이고, 사월종택은 반가班家의 품위를 보여주는 집으로 그 명성을 익히 들어왔기 때문이다. 그러나 사실 영양이라는 땅의 생김새가 궁금하기도 했다.

　직업이 건축가이고 여러 곳에 집을 지으러 다니다 보니 많은 땅을 만난다. 여기서 땅이란 의미는 산과 물과 하늘과 흙으로 이루어진 공간을 말한다. 그리고 그 땅은 사람처럼 고유의 성질이 있고 품이 다르고 성질도 모두 제각각이다. 잘생긴 땅도 있고 험상궂은 땅도 있고 순박한 땅도 있고 영리하고 냉정한 땅도 있다. 혹은 사람을 반기기도 하고 문전박대를 하기도 한다.

　눈치가 있다면 그것을 알아야 하고 적당히 비위도 맞춰야 한다. 그런데 사람들은 그것을 모르고 대책 없이 쳐들어가고 아무 생각 없이 말뚝을 박고 자기 땅이라고 우기다가 큰코다치기도 한다. 사람의 역사라는 것이 사실 알고 보면 땅과 어우러져서 살아온 역사가 전부다. 사람과 땅 사이에는 오랜 역사와 친분이 있지만, 땅과 친해지고 땅과 화합하는 문제는 그렇게 쉽지 않다.

　땅은 사람을 고른다. 맞는 사람을 고르고 자리 잡게 한다. 그렇게 선택된 사람이 그 땅으로 들어가서 진심으로 섬기면 그곳에서 별 문제 없이 잘 살게 되고, 사람들이 그곳을 명당이라고 이야기하는 것이다. 그래서 좋은 땅이나 나쁜 땅을 찾지 말고 나에게 맞는 땅을 찾으라고 사람들에게 이야기해준다. 그곳이 바로 당신에게는 명당이라고…….

　나도 땅을 찾는다. 내게 맞는 땅 혹은 내가 들어가서 살고 싶

땅은 산과 물과 하늘과 흙으로 이루어진 공간이다.
그 땅은 사람처럼 고유의 성질이 있고
품이 다르고 성질도 다르다.
우리나라의 대표적인 정원인 서석지.

은 땅. 흘끔흘끔 길을 다니다가 차에서 내려 흙을 만져보고 바람을 맞아보며 측정하는데, 사실 어기저기 좋은 땅은 참 많이 있다. 부동산적인 가치는 잘 모르겠고, 내가 무엇보다도 중요하게 생각하는 것은 처음 갔을 때의 인상이다.

그렇게 본 땅 중에서 내가 가장 살고 싶었던 곳은 진평왕릉에서 선덕여왕릉으로 가로질러가는 경주 낭산 어귀의 어느 동네였는데, 땅이 호방하면서도 포근한 것이 나를 기다리는 땅처럼 느꼈다. 그런데 그곳에 필적하는 좋은 땅을 영양에서 보았다. 산이 오뚝하지만 사람을 짓누르지 않고 물이 유장하면서도 사람을 겁박하지 않으며 땅이 맑고 공기가 투명한 곳이었다.

경계를 알 수 없는 정원

가는 날이 장날이라고 영양을 찾아간 날은 따스하고 포근하던 겨울이 갑자기 표변해 본때를 보여주겠다는 듯 영하 10도 아래로 기온을 떨어뜨리고 존재감을 드러내던 날이었다. 잠깐만 밖에 있어도 손발이 찌릿하고 몸이 어는 것 같았지만 하늘은 구름 한 점 없이 맑았고, 차 옆으로 휙휙 지나가는 산들의 풍경이 아주 장엄했다. 서안동 인터체인지에서 고속도로를 빠져나가자, 갑자기 다른 세계로 들어온 듯 다른 차원의 정적이 차 안까지 스머들었다.

영양으로 접어들며 제일 먼저 산허리를 크게 휘어가는 강 옆에 우뚝 서 있는 신라시대에 누르스름한 돌을 벽돌처럼 깎아서 쌓아놓은 오층석탑(봉감모전석탑)을 보았고 아주 평온한 땅을 보았다. 그리고 조금 더 가서 영양 읍내로 들어가기도 전에 문득 서석지가 나왔다.

서석지는 17세기 초반에 정영방鄭榮邦이라는 사람이 공부하고 손님을 맞는 별서別墅 공간으로 조성한 곳이다. 마을 초입의 조금 높은 대지에 물길을 내서 연못을 조성하고, 그 연못 동쪽과 북쪽에 크고 작은 건물 두 채를 앉혔다. 그리고 그 뒤와 옆으로 부속채가 있다. 그것이 서석지의 전부다.

서석지라는 이름의 의미는 '상서로운 돌이 있는 연못'이라는 뜻이다. 다시 말해 이 공간의 주인공은 한가운데 있는 네모진 연못이다. 그래서 이곳은 건축보다는 정원으로 유명하다. 정원이란 자연을 담을 쳐서 가두어두는 곳이다. 동서양의 정원의 어원을 살펴보면 모두 울타리가 들어가 있다.

"정원을 나타내는 한자어인 포圃, 원園, 유苑 등 한자의 생김새와 '에워싸다'라는 뜻의 부수인 '큰입 구口'를 보면 알 수 있듯이, 동양 문화권에서는 정원이라는 말에 본질적으로 담을 쌓아 공간을 주변으로부터 독립시킨다는 뜻이 있다. 서양에서도 영어 가든은 위요를 가리키는 라틴어 '가리디눔gardinum'에서 온 말인데,

전체가 마루로 되어 있어 누마루 같은 경정은
주일재에 비해 상대적으로 큰데,
정면 4칸에 측면 2칸 반 규모다.

히브리어에서 기원을 찾으면 울타리나 보호와 방어를 뜻하는 '간gan'과 즐거움이나 기쁨을 뜻하는 '오덴oden', '에덴eden'이 합쳐진 것으로 본다." (이유직, 『한국건축개념사전』, 동녘, 2013년)

그런데 우리에게 정원은 참 모호한 장소다. 여기서부터 저기까지가 정원이라고 이야기할 수 없는 대부분 경계가 모호한 외부 공간일 뿐이다. 그런 특징이 한국 전통 정원을 규정하는 특징이기도 하지만, 도통 알아들을 수 없는 선문답 같기도 하다.

들리는 말로는 삼국시대의 정원은 그와 좀 달랐고 고려시대의 정원도 그와는 좀 달랐다고 한다. 그러나 우리가 만날 수 있는 조선시대의 정원은 대체 어쩌자는 것인지 알 수 없다. 호방하면서도 의미를 가득 부어넣은 중국의 정원이나 자연을 얼리고 축소해서 선 안에 몰아넣고 감상하기 적합하게 조성된 일본의 정원과는 달라도 너무 다르다.

우리는 정원의 경계를 알 수 없다. 정원이라 말하니 정원이구나 생각하지 대체 어디서부터 어디까지인지 사람의 손이 들어간 곳은 어디인지 알기 어렵다. 그래서 조선시대의 정원에 가게 되면 눈에 불을 켜고 열심히 읽어내고 해석해야 한다.

책을 읽고 세상을 보다

정영방은 경북 예천 사람이다. 그는 예학의 종장이며 병산서원과 대산루 등 명건축을 만들었던 우복 정경세에게서 학문을 익혔다. 진사에 합격했으나, 벼슬에 나아가지 않고 낙향해서 살며 유유자적했다. 그런 그가 고향과는 조금 떨어진 영양에 자리를 잡게 된 것은 처가인 무실을 오가며 눈여겨보았던 장소였기 때문이라고 한다.

낮은 담과 건물 두 채가 직교하고 있는 서석지는 겨울이라는 계절에 보기에 적합한 곳이 아니다. 꽃이 피고 잎에 물이 도는 봄이나 은행나무 단풍이 그토록 화려하다는 가을에 와야 하는 곳에 겨울에 간 것은 한적함을 기대해서였는데, 도착하고 보니 그런 정취는 없을 듯했다.

담의 옆구리에 슬그머니 붙어 있는 대문을 통해 안으로 들어갔다. 서석지의 네모난 연못이 보이고 건너편 사우단四友壇이 보이고 그 뒤로 정영방이 책을 읽던 서재 주일재主一齋에 사람들이 모여 있었다. 주일재 앞에서는 두 사람이 아궁이에 불을 때고 있다가 나를 반기며 불을 좀 쬐라고 했다. 주일재에서 지역 특산물 홈쇼핑 촬영을 이틀째 하는 중인데, 오늘은 그래도 햇볕이 나서 좀 낫다며 뒤로 돌아가서 판으로 된 바라지문을 열고 연못 쪽을 살펴보라고 정보를 주었다.

나는 불을 쬐며 사우단을 바라보았다. 서쪽으로 열린 전망을 원경으로 삼고 서석들이 머리를 조아리고 있는 연못을 근경으로 삼으며 연못과 주일재 사이에 작은 단을 만들어 매화, 소나무, 국화, 대나무를 심어 '사우단'이라 이름 붙인 것인데, 한겨울이라 그 위세를 알 수 없었다.

주일재 앞에 몰려 있는 60여 개의 서석에 각기 이름을 붙여 꽃밭에 꽃을 심어놓듯 의미를 심어놓은 풍경이 절경인데, 물이 마르고 바위만 그 성질을 한껏 드러내고 있었다. 그 옆으로 400년 된 은행나무처럼 팔을 활짝 펴고 활달하게 웃고 있는 경정敬亭을 보았다.

경정은 주일재에 비해 상대적으로 크다. 그리 넓지 않은 부지를 은행나무 거목, 연못과 더불어 가득 메우고 있는 건물이다. 정면 4칸, 측면 2칸 반 규모에 날개를 활짝 편 새처럼 팔작지붕으로 지어놓았다. 그리고 1칸씩 두 개가 있는 온돌을 제외하면 전체가 마루로 되어 있어 사실은 누마루 같은 공간이다.

그런데 건물의 크기에 비해 출입이 매우 제한적이다. 대문에 들어서면 바로 보이는 측면으로 들어가는 입구가 전부다. 그리고 연못 쪽으로는 계자난간이 둘러쳐져 접근이 불가능하다. 즉, 경정은 연못을 바라보기만 할 뿐 다른 행위는 불가능한 공간이다. 보통 누마루를 둘렀다고 해도 건물 전면으로 폭이 좁아도 약간의 여유가 있는 법인데, 이곳은 단호하게 그런 관계를 단절했

경정(왼쪽)은
날개를 활짝 편 새처럼 팔작지붕으로 지어놓아 큰 반면,
정영방이 책을 읽던 주일재(정면)는
마루 1칸과 방 2칸의 아주 단출한 건물이다.

다. 주인의 의도가 명확히 보이는 구성이다. 아주 간결하고 단순한 동선을 만들고 그 안에서 이루어지는 행동까지 제한을 두고 있는 것이다.

연못은 산에서부터 흘러나오는 물을 끌어들이는데, 들어오는 수문을 읍청거挹淸渠(맑은 물이 흐르는 도랑)라고 하여 주일재 옆에 두고, 물이 나가는 곳은 토예거吐穢渠(더러움을 토하는 도랑)라 이름 붙여 서석지로 들어오는 문 앞에 두었다. 지형과 방향을 고려해 집을 배치했지만, 주일재에서 나와 경정으로 물이 빠지는 구성은 공간의 균형을 잡고 주인의 위치를 나타내는 숨겨진 의도로 보인다. 손님들은 물이 나가는 토예거를 지나서 경정에 오르고 그 위에서 구경하고 자연에 대한 공경을 표하면 되는 것이다.

주인의 공간인 주일재는 마루 1칸, 방 2칸의 아주 단출한 건물이다. 직교하며 이웃한 경정에 비해 상대적으로 왜소한 몸짓을 하고 있어서 처음 보는 사람은 그곳을 부속 공간 정도로 볼 것이다. 그러나 그곳이 바로 주인의 공간이고 화려함의 안쪽 깊숙이 숨겨놓은 공간이다. 자세히 살펴보면 많은 디테일이 숨어 있는 서석지는 주일재에서 책을 읽고 매화, 소나무, 국화, 대나무와 더불어 자연을 완상玩賞하는 겸손한 주인의 오롯한 정원이다.

자연의 질서,
인간의 질서

한국의 문화는 동적이면서 입체적이다

얼마 전 텔레비전 채널을 이리저리 돌려보다 우연히 케이블 채널에서 1970년대 중반에 화제가 되었던 영화 〈바보들의 행진〉을 보았다. 예전 기억을 되살리며 재미있게 보았는데, 영화의 배경으로 나오는 서울 신촌 주변과 서울의 여러 장소는 특히 흥미로웠다. 그때의 풍경을 보니 그동안 서울이 얼마나 많이 변했는지 알 수 있었다.

그런데 많이 변한 도시의 풍경만큼이나 놀라웠던 것은 영화에서 흘러나오는 그 당시 서울 사람들의 말투였다. 영화에는 대학생들과 중산층의 서울 사람들이 등장하는데, 그들이 쓰는 서울 말의 억양이 지금 우리가 쓰고 있는 것과는 사뭇 달랐다. 지금보다 조금 통명하고 강한 느낌이었는데, 심지어 북한 말투와 비슷하다는 생각이 들 정도였다.

그래봐야 40여 년 전인데 하며 지난 시절의 한국 영화를 몇 편 더 보았다. 시대를 거슬러 올라갈수록 그런 경향이 훨씬 더 심했다. 우리는 느끼지 못했지만 그리 길지 않은 시간 동안 우리의 말투와 억양이 부드럽게 변한 것이었다. 언어는 사고를 지배한다는데, 사실 그동안 말뿐만 아니라 생각과 생활도 많이 바뀌었다는 생각이 들었다.

더욱 놀라운 것은 외국어인 일본어의 억양이 요즘은 우리의 귀에 크게 설지 않다는 사실이다. 물론 일본어를 못하기 때문에 그들의 말을 이해하지는 못하지만, 억양이 비슷해서 언뜻 알아들을 것만 같다는 착각이 들기도 한다. 아마 일본과 교류하며 서로의 문화가 섞이다 보니 그런 현상이 생겨나는 모양이다.

문화란 살아 있는 유기체처럼 자라고 성장하고 쇠퇴하기도 한다. 또한 서로 다른 이질적인 여러 개의 문화가 부딪치기도 하지만 서로 섞이고 동화되기도 한다. 그래서 하나의 문화권이 여러 개로 분화되기도 하지만, 여러 개의 문화가 하나로 합쳐지는 일도 종종 일어난다. 그런 과정에서 자신만의 언어를 지키는 것,

문화는 살아 있는 유기체처럼
자라고 성장하고 쇠퇴한다.
그 과정에서 자신만의 정체성을 지키는 것은 어렵다.
서백당이나 향단 등과 함께
양동마을을 대표하는 심수정.

자신만의 정체성을 지키는 것은 어려운 일이다.

사실 정체성이라는 개념 자체에도 의문이 들기는 한다. 과연 완벽한 자아의 본질이란 있는 것일까? 우리는 늘 영향을 받고 만들어지고 변화되기 때문이다. 영화 한 편을 보다가 존재론적인 성찰에까지 이르게 되었다. 문화의 본질에 대해 생각하면, 특히 건축가로서는 우리의 건축이란 무엇이고 그 정체성과 성격은 어떠한지에 대한 고민이 깊다.

한국적인 것이란 무엇일까? 한때는 한국적인 것에 대해 정적인 것으로 보기도 했다. 고요한 아침의 나라라는 이미지가 강해서였을 수도 있고, 혹은 백자나 청자 같은 섬세하고 부드러운 이미지나 한복의 곡선으로 이야기할 때도 있었다. 그것 역시 무척 정적이다.

또는 백의민족을 들고 나와 흰색과 한恨 등으로 정의 내릴 때도 있었다. 그러나 그런 식으로 하나의 틀을 만들고 그 틀로 우리 문화의 특성을 해석하려고 하면 앞뒤가 잘 맞지 않는다. 오히려 한국의 문화는 동적이다. 동적인 정도가 아니라 입체적이며 다차원적이다.

해학과 생략의 미학

경복궁 앞 예전 중앙청으로 쓰던 건물에 국립중앙박물관이 있던 시절에 그곳에 자주 갔다. 지금도 그렇겠지만 박물관이라는 곳은 늘 한적하고 쾌적하다. 그래서 나는 그 한적함을 즐기고자 오래된 유물에 별다른 관심도 없으면서 그곳에 갔다. 사전 지식이나 교양이 부족해서 그냥 설렁설렁 구경하는 것이 다였지만, 그 공간에 있는 것이 무척 편했다.

그때 단원 김홍도도 보고 추사 김정희도 보았다. 더불어 이루 헤아릴 수 없는 귀한 보물이 내 눈앞에 펼쳐져 있었지만, 도깨비가 무식하면 부적이 통하지 않는다고 그 보물들과 나 사이에는 약간의 긴장도 없었다.

그러던 어느 날 기획전시를 보게 되었다. 우리나라 도자기의 역사를 일목요연하게 시대순으로 개괄하자는 취지였던 것으로 기억된다. 초기 도자기가 처음으로 나올 때부터 시작해서 청자, 분청사기, 백자 순으로 전시되어 나 같은 초심자가 보며 이해하기 딱 좋은 전시였다.

도자기는 투박하고 원시적인 그릇에서 시작해 화려함과 기교의 정점에 이르는 고려자기까지 아주 순탄하게 발전하고 있었다. 통시적인 안목으로 관람하게 되니 예전에 그냥 청자만 보고서는 느낄 수 없는 감동이 밀려왔다. 문양의 정교함과 화려함, 말로 표현이 안 되는 청자의 독특한 비색翡色에 탄복하며 자리를 옮겼다.

그런데 극성기의 청자 다음에 나온 도자기는 좀 이상했다. 일단 형태가 둔해지고 색이 탁해지고 문양은 아주 어설펐다. 그때 무슨 일이 벌어진 것일까 하고 궁금했고, 그렇게 100년이 흐르자 우리가 잘 아는 분청사기의 시대가 열렸다. 추상적인 문양과 단순해진 형태, 묘하게 탁해진 색은 현대적인 감각이었으며 아주 뛰어난 추상화를 보는 것 같았다.

이후 다시 100년이 흐르자 백자의 시대가 활짝 열렸다. 참 이상한 일이었다. 청자를 만들던 도공들이 모두 증발해버린 것일까? 물론 그 당시는 고려 말이므로 이런저런 추론이 얼마든지 가능할 수도 있다.

그러나 나는 그렇게 생각하지 않는다. 청자로 예술의 끝까지 간 사람들의 다음 선택은 실험이었을 것이다. 새로운 형태, 새로운 색, 새로운 문양의 실험, 그런 실험이 한 세기 지속되며 세계도에 사상 유례가 없는 분청사기라는 독특한 도자기가 만들어지고, 그런 추상성의 마지막은 조선의 백자로 이어진다.

추상성은 건축이나 다른 조형 예술에서도 많이 발견된다. 석탑이 대표적이다. 한국에 석탑이 처음 만들어진 시기는 백제 무왕 때다. 그때 익산 미륵사를 만들며 가운데 9층 목탑을 만들고 양옆으로 화강석을 자르고 다듬어서 쌓아올린 석탑을 만들었는

삼관헌이라는 현판은 세 가지를 본다는 의미인데,
마루에 달린 세 개의 바라지문을 열면
문 하나에 회화나무가 한 그루씩 담긴다.

데, 그 석탑은 목조건축을 석조石造로 번안한 것이다.

탑신에 기둥 모양을 만들고 문 자리를 만들고 지붕을 올린다. 그런데 목조건축의 지붕에는 지붕의 하중을 받아 기둥으로 옮겨주는 부재인 공포가 짜이는데, 그 공포를 네 단의 계단식 층급받침으로 추상화한다. 그리고 그런 석탑의 표현은 이후 나오는 석탑의 전형이 되고 독특한 양식으로 수백 년 동안 발전을 거듭한다.

그런 추상성은 때로는 해학과 생략으로 나타나기도 한다. 우리의 다양한 민화와 조선의 목공예를 보면 방금 어느 공방에서 바로 나온 현대 작가의 공예 작품 같다는 생각이 들 정도다. 또한 왕이 사는 궁궐 정전正殿 마당에 깔린 약간은 울퉁불퉁하고 성글게 마감한 박석薄石이나 서수瑞獸들의 표정을 보면, 근엄함이나 진지함보다는 해학과 생략을 통해 드러나는 우리만의 독특한 미적 감각을 볼 수 있다.

그런 정신은 집을 앉히는 배치에서도 잘 나타난다. 자연의 흐름대로 집을 앉히는 것은 우리에게는 상식 같은 것인데, 그런 생각이 엄정함이나 권위를 나타내고자 하는 궁궐에서도 나타나는 것은 좀 특별하다. 가령 창덕궁이나 지금은 볼 수 없는 고려의 정궁인 개성의 만월대를 보아도 땅의 흐름대로 유연하게 궁을 앉힌 모습은 같은 문화권의 중국이나 일본과 다르다.

가끔 그것을 측량이나 기술의 미흡 때문이라 이야기하는 경우도 있기는 하지만 그런 것은 아니다. 자연의 흐름을 기의 흐름으로 인식하고 기가 흘러다니는 역동적 공간을 만드는 것이 한국 건축의 중요한 목표였다.

회화나무가 만드는 풍경

그런 의미에서 우리의 건축은 비유하자면 3차원을 찍는 동영상과 같다고 이야기할 수 있다. 일본이나 중국의 건축은 사진으로 찍기 좋은 이를테면, '픽처레스크picturesque'한 건축이다. 모든 풍경과 호흡과 빛이 일시에 정지된 것처럼 혹은 냉동된 것처럼 표현하고자 하는 하나의 장면에 집중한다.

그런데 우리의 건축은 어떤 한 지점에서 보는 장면이라기보다는 움직임이 있어서 사진으로는 잡을 수 없는 무엇인가가 더 있다. 움직임이 수반되는 우리의 미학은 가령 여러 채로 이루어진 집을 생각해보면 명확하게 알 수 있다.

심수정心水亭은 경주 양동마을에 있는 집이다. 집이라기보다는 정자이며 가문의 서당 역할을 하던 곳이라고 한다. 1560년(명종 15)에 지어졌지만 화재로 소실되었던 것을 1917년 원래의 모습대로 복원했으니, 다시 지어진 지도 100년이 넘었다.

이 집은 월성 손씨와 더불어 양동마을을 이루고 있는 또 다른 축인 여강 이씨 집안의 정자로, 서백당이나 향단 등과 함께 양동마을을 대표하는 건물이다. 경사지에 편안하게 앉혀놓은 집의 배치도 좋고 좋은 재목을 다듬어 집을 만든 솜씨도 대단하다. 말이 필요 없다. 결이 좋은 이 집 기둥이나 마루를 손으로 쓸어보면 알 수 있다. 집이 하고 싶은 말이 손을 통해 전해지는 것 같고 어머니의 손을 잡은 것처럼 안온해진다.

내가 이 집을 좋아하는 이유는 그런 점 말고도 또 있다. 양동마을을 관통하는 주도로를 조금 따라 마을로 들어가다 오른쪽으로 꺾어져 심수정으로 올라갈 때면, 축대 위 담장과 그 옆으로 일자로 심긴 네 그루의 오래된 회화나무가 만드는 풍경이 보인다. 오래된 담장과 나무가 있는 풍경이야 우리나라 구석구석 오래된 집들이 갖고 있는 일반적인 풍경이겠지만 이 집은 특이하다. 자세히 보면 회화나무 네 그루가 일렬로 정연하게 서 있는데, 세 그루는 담장 안에 있고 한 그루는 담장 밖으로 나가 축대 끝에서 몸을 기울인 채 활발하게 앞으로 내달리고 있다.

나무의 수령은 대충 보아도 200년은 훌쩍 넘은 것 같다. 처음 갔을 때 그 풍경이 너무 재미있어서 집을 보기도 전에 그 나무 아래에서 한참 올려다보았다. 나무에게 어디로 가는 길이냐고 물어보고 싶었다. 생생하게 살아 있는 나무와 차분하게 앉아 있는 집이 만드는 역동적인 풍경에 매료된 것이다.

한 그루는 담을 훌쩍 넘어 마을로 뛰어나가는 것 같았고, 세 그루는 집 안에서 나가는 나무를 심각하게 쳐다보는 것 같았다.

심수정에는 오래된 회화나무 네 그루가
일렬로 정연하게 서 있는데,
세 그루는 담장 안에 있고
한 그루는 담장 밖으로 나가
몸을 기울인 채 앞으로 내달리고 있다.

이 집이 처음 지어진 지 450여 년이 되었으니 나무는 집이 지어지고 나서 심어진 것 같고, 불에 탄 것을 다시 세운 것이 100여 년쯤 되니 나무는 그보다 나이가 많은 것 같다.

집을 지은 뒤 나무를 심었거나, 나중에 담을 새로 쌓을 때 나무를 적당히 피해 심었거나, 지금의 구도로 만든 것은 집을 지은 이의 어떤 의도가 있어 보인다. 일직선으로 뻗어나가는 자연의 질서와 집을 감싸 안으며 둥그렇게 감아 도는 담장이 만드는 인간의 질서가 서로 공존하는 풍경이었다. 두 개의 질서는 서로 다른 방향과 서로 다른 질감을 갖고 있지만, 적당히 비켜주며 자신의 길을 가고 있었다.

집 안으로 들어가면 여러 개의 현판이 달려 있다. 심수정이라는 현판과 함허정, 이양재, 삼관헌이라는 현판. 모두 합해서 네 개다. 그중 삼관헌이라는 현판은 세 가지를 본다는 의미인데, 마루에 달린 세 개의 바라지문을 열면 문 하나에 회화나무가 한 그루씩 담긴다.

심수정은 몇 칸 되지 않는 작고 고요한 집이었는데, 자세히 들여다보면 의미와 자연과 건축이 어우러지고 서로 교차되며 입체적인 풍경을 만들어내고 있었다. 우리의 건축은 그런 역동성을 기반으로 하는 움직이는 건축이다. 그런 기운이 한국 건축의 아주 중요한 바탕인 것이다.

제 4 장

이야기를 품은 집

집은
어떻게
완성되는가?

이야기 속에서 살다

소설은 공간이다. 그 안에 시간이 흐르고 있고, 시간에 수렴되는 공간에서 많은 인간 군상이 아웅다웅하며 살고 있다. 그 공간이 나를 편하게 해준다. 물론 그것보다 훨씬 보편적으로 통용되는 의미는 현실을 가장한 이야기다. 무엇보다도 일요일 오후, 나를 재워주는 안온한 수면제다.

사람들은 이야기 속에서 살고 있다. 이야기를 들으며 자라고, 끝없이 이야기를 하며 살고 있다. 이야기는 결국 사람을 키워주고 울고 웃게 하며, 평온하게 잠들게 하는 안식처다. 소설은 방대한 이야기의 바다다.

소설가는 그런 이야기를 만들어내는 이야기꾼이다. 그들은 사람들 앞에 나서서 이야기를 해주기도 하지만, 대부분 방에서 혼자 혹은 아무도 알지 못하는 시간과 장소에 콕 박혀서 불특정 다수를 현혹시킬 이야기를 구상하고 꾸며낸다. 아니 나는 그렇게 상상한다.

사실 나는 그들이 이야기를 만드는 과정이 궁금했다. 혹부리 영감처럼 이야기보따리를 옆에 차고 다니다가 하나씩 꺼내서 들려주는 것은 아닐까? 혹은 각자 숨겨놓은 샘에서 퐁퐁 솟는 이야기를 퍼올리는 것은 아닐까?

그런 터무니없는 생각을 하기도 했지만, 결국 그들은 이야기를 해야만 하는 천형天刑을 받고 있는 추방된 신선이 아닐까 생각한다. 우리는 항상 글을 쓰는 사람에 대해 근거 없는 편애가 있고 경외가 있으며 약간의 오해도 있다.

예전에는 그것을 손으로 옮겨 써서 사람들이 돌려 읽기도 했고, 사람들을 모아놓고 그 가운데에 서서 실감나게 들려주기도 했다. 그러나 세상이 변하고 전달해주는 매체가 널려 있다 보니, 그 이야기들은 너무나 흔해졌다. 그러다 보니 이야기를 위한 이야기가 넘쳐난다. 들어도 되고 안 들어도 아무런 상관이 없는 그런 이야기들. '폴란드 망명정부의 지폐'처럼 바닥에 무의미하게 널려 있고, 심지어 어떤 이야기는 먹고 나면 더욱 배고파지는 음식처럼 속을 헛헛하게 만든다.

사실 이야기는 할 말을 많이 갖고 있는 사람이 해야 한다. 채워진 다음에 퍼올려야 하는데, 채워지지도 않은 채 혹은 아예 바닥만 남은 독에서 이야기를 퍼올리려고 하니 문제가 생기고 무리한 설정과 속빈 강정 같은 이야기가 범람한다.

내가 요즘의 소설에 대해 갖고 있는 불만은 바로 그 점이다. 아무렇게나 주워섬긴다고 이야기가 되는 것은 아니다. 소비자로서 하는 이야기다. 내가 소설이라는 것을 처음 읽은 것은 국정교과서에 실린 몇 편의 단편이었다. 그리고 중학교에 입학하고 국어 선생님의 강권으로 읽게 된 춘원 이광수의 『흙』이나 『무정』 같은 소설이다. 그런 유의 이야기를 대체 왜 이런 것을 읽어야 하지 하며 읽었던 것으로 기억한다.

물론 기억이라는 것은 본래 자기 위주이고, 내 편한 대로 꺼내 입는 옷장 안에 있는 일상복 같은 것이라서 정확하다고 자신할 수 없지만 아무튼 그렇다. 어린 시절 내 눈에는 한마디로 아무런 재미도 감동도 없는 변사가 내용을 읊어주고 화면에서는 주룩주룩 비가 내리는 무성영화 같았다. 과연 들을 만한 가치가 있는 이야기는 어떤 것일까?

삶을 바라보는 관점과 자세

청소년기에는 누구나 문학청년이고 문학소녀이겠지만, 나에게는 그런 시기가 없었다. 그렇지만 고등학생이 되며 소설을 찾아서 읽기 시작했다. 문학에 대한 열망이나 갈증 없이, 다만 공부는 죽어라고 하기 싫었고 그렇다고 마냥 놀자니 집안 어른한테 눈치는 보이고 해서 책을 읽는 척이라도 해야겠다는 마음이었다. 그때 읽었던 책이 책장에 꽂혀 있었던 독일 소설가 에리히 레마르크Erich Remarque의 『개선문』이라는 두툼한 소설이었다.

라비크라는 독일에서 잘나가던 외과의사가 나치에 대항하는 사람들을 도와주는 바람에 체포되어 고문을 받다가, 아내는 죽고 홀로 탈출해서 프랑스 파리로 망명해 쓸쓸하게 지내는 아주 어두운 이야기였다. 시작할 때도 끝날 때도 그는 비가 오거나 어두운 파리의 거리에서 개선문을 바라본다.

부피가 두툼하기는 했지만 그렇다고 그럴 것까지는 없었는데, 나는 이 책을 1년 동안 읽었다. 그런 속도는 라비크가 파리에서 빈둥거리며 나치의 추적을 피하면서, 칼바도스라는 듣도 보도 못한 술을 마시며 살았던 시간과 대강 비슷한 듯했다. 말하자면 나는 소설을 읽는 것이 아니라, 머릿속으로 그가 살던 추적추적 비가 내리는 파리의 어두운 거리로 들어가서 살았다.

학교에 책을 가져가서 되새김을 하는 소처럼 혹은 방금 한글

나는 문학에 대한 열망이나 갈증은 없었지만,
고등학생이 되면서 소설을 찾아 읽기 시작했다.
독일 소설가 에리히 레마르크의 집필실.

을 깨우친 사람처럼 한 글자씩 쓰는 속도보다도 느리게 읽다 보니 간혹 친구들이 아직도 그것을 읽고 있냐며 핀잔을 주기도 했다. 그렇지만 어쩔 수 없었다. 그 소설은 나에게는 이야기라기보다는 공간이고 냄새였다. 나는 공부를 피해 '개선문'으로 망명을 한 것이었다.

그다음에 박완서라는 소설가를 만났다. 우리 어머니 연배의 이 소설가는 『나목』이나 『도시의 흉년』, 『휘청거리는 오후』 등의 소설을 발표한 그 당시 젊지는 않지만 늦게 등단한 까닭에 소설가로서는 '풋풋한' 신인이었다. 박완서의 소설이 좋았던 것은 내용이나 전개가 전혀 계몽적이지 않았고, 인간이 갖고 있는 약점을 숨김없이 날카롭게 표현했기 때문이다.

또한 시점도 내가 책을 읽는 시점인 1970년대 말 내 주변의 이야기였다. 박완서의 소설은 애써 감춘 인간의 본모습을 아주 강한 빛의 수술대 위에 달린 의료용 조명처럼 적나라하게 비춰주었고, 그 점이 불편하다는 사람이 많았지만 나는 좋았다.

그 이후 나는 앙드레 지드André Gide의 『좁은 문』도 읽었고 장 폴 사르트르Jean Paul Sartre의 『구토』도 읽었으며 프란츠 카프카 Franz Kafka의 『성』, 앙투안 드 생텍쥐페리Antoinede Saint-Exupéry의 『인간의 대지』도 읽었다. 물론 대부분 눈 씻고 찾아보아도 재미라고는 한 톨도 나오지 않는 소설이었지만, '세계 명작'이라니 뭔가 몸에 좋다고 생각하고 주억주억 읽었다. 당연히 무척 오랜 시

나는 『좁은 문』, 『구토』, 『성』, 『인간의 대지』 등을 읽으며
뭔지 모를 삶의 실체와 삶을 바라보는 관점을 보았다.
체코 프라하 황금소로에 있는 프란츠 카프카의 집필실.

간 읽다가 중간에 줄거리를 잊어버리는 속도로 읽었다.

하지만 내가 읽었던 소설은 줄거리가 중요한 것이 아닌 듯했다. 뭔지 모를 삶의 실체와 삶을 바라보는 관점과 자세를 보라는 것 같았기에 크게 구애받지 않고 편하게 읽었다. 그래서 지금도 그 소설의 줄거리나 멋진 문장은 기억나지 않는다.

그렇지만 그 소설가의 눈의 높이와 시선은 생생히 기억난다. 『좁은 문』의 주인공 제롬과 알리사의 이루어지지 않는 사랑은 사실 알리사의 도덕적 영웅주의가 낳은 불행이었다. 성문을 죽어라고 두드렸지만 결국 들어가지도 못하고 마는 초대받은 측량기사의 이야기인 『성』은 길고 지루하게 펼쳐진 삶을 축약해서 보여주는 세상의 모습이었다. 물론 작가가 책의 말미에 그런 해설을 달았던 것은 아니다. 그것은 내가 읽으면서 줄거리와 상관없이 재단한 나의 해석이었고 들어가서 보았던 소설이라는 공간이었다.

집은 한 개인의 우주다

내가 읽었던 소설 중에 좋았던 소설은 내가 들어가서 뛰어놀 수 있는 공간이 넓은 소설이다. 그래도 어느 정도 나이를 먹다 보니 이런저런 소설을 꽤 읽었다고 생각한다. 한국 소설부터 시작해서 일본 소설, 미국 소설, 유럽 소설, 심지어 라틴아메리카나 터키 소설…….

그런데 나의 독서 편력에서 가장 취약한 지역은 러시아였다. 어린 시절 톨스토이나 도스토옙스키 혹은 투르게네프 등의 작가가 쓴 소설은 도무지 읽을 수가 없었다. 일단은 그 주인공의 이름들이 너무나 길어 외울 수 없었고, 질리는 두꺼운 분량과 이야기의 배경이 되는 공간은 적응하기 힘들었다. 물론 내가 러시아에 가서 그곳의 기후와 삶을 체험하며 읽는 것은 아니었지만…….

그러다 나이가 조금 들며 그들의 소설이 눈에 들어오기 시작했다. 듣던 대로 좋은 소설이었다. 무척 심오하고 강한 힘이 있었고, 이것을 좀더 예민한 감성을 갖고 있던 청년기에 읽었어야 했는데 하는 아쉬움이 있었다.

러시아나 독일 혹은 일본이나 중국, 각 나라가 다 나름의 어법과 억양이 있는 것처럼 이야기하는 방식도 다르다. 하지만 그런 이야기가 지향하는 목표는 한 지점이며, 그것은 인간에 대한 이야기이며 삶에 대한 이야기라는 것이다. 평온한 일요일 오후 누군가 써내려간 삶의 이야기를 들으며 편안하게 낮잠을 잔다. 가장 행복한 시간이다.

인간이 곧 이야기이며 그 안에서 사는 삶이 다시 이야기가 된다. 다만 시, 음악, 미술, 심지어 건축 역시 삶을 이야기하는 데 추상화하고 상징화해서 표현하는 데 반해, 소설은 삶을 더욱 구

소설이 지향하는 목표는 한 지점이며,
그것은 인간에 대한 이야기이며
삶에 대한 이야기다.
어니스트 헤밍웨이가 어린 시절을 보낸
오크 파크Oak Park의 생가.

체화해서 자근자근 펴서 보여준다. 해석의 여지가 있기는 하지만 소설이 갖고 있는 구체성 혹은 사실성이 소설의 힘이라고 생각한다.

이럴 때 건축에 대한 생각을 하게 된다. 건축 또한 크게 다르지 않다. 건축에 구체적이고 진정성이 있는 삶의 모습을 어떻게 담을 수 있을까? 개념이라는 분칠을 하지 않고 조형적 아름다움이라고 우기지 않는 진정한 삶을 담은 건축은 과연 어떤 것일까? 많은 사람을 위해 낮은 곳으로 펼쳐지는 건축은 무엇인지 그것이 늘 궁금했다.

『내 마음의 집』은 폴 앙드뢰Paul Andreu라는 프랑스 건축가가 쓴 소설이다. 건축가가 쓴 소설은 처음 읽었다. 그는 프랑스의 샤를 드골 공항, 일본 오사카 해양박물관, 중국 베이징국립대극장 등 규모가 큰 건물을 설계했던 사람인데, 글은 아주 작은 집에 대한 촉촉한 이야기였다. 어릴 때 살았던 집을 기억으로 복원하며 쓴 느린 소설이다. 그의 몸 어딘가에 잠겨 있던 기억들은 그가 빛을 비추자 천천히 일어나서 기지개를 켠다. 마르셀 프루스트Marcel Proust의 『잃어버린 시간을 찾아서』와 비슷한 맥락이다.

어릴 때 『개선문』을 1년 동안 한 글자씩 천천히 씹어 삼켰던 그런 속도라면, 이 책은 평생 동안 업으로 삼고 읽어도 다 못 읽을 정도로 길고 긴 소설이다. 또한 한 사람의 역사가 끝없이 펼쳐진 우주처럼 방대하다는 느낌을 주는 소설이다. 책의 양이나 기억의 심도가 그 정도는 아니지만, 『내 마음의 집』역시 그런 유의 소설이다. 아주 주관적인 기억이 글로 옮겨져 있고, 그것은 우리가 공유할 수 없는 한 사람의 마음의 풍경이다.

"나를 품어주었던 집, 내가 자라났던 집은 그 후 내 속에 있고 나와 더불어 세월의 지평선으로 사라진다." 한편으로 보면 이 이야기는 모두 공감할 수 있는 집에 대한 보편적인 느낌이기도 하다. 모든 집이 그렇고 모든 개인이 그렇듯이, 집이란 개인이나 집단이 담고 공유한 특정한 기억이나 정서를 뛰어넘는 한 개인의 우주이며 그 자체로 이야기를 하는 소설과도 같은 존재다.

소설을 읽을 때 소설이라는 공간 안에 들어가 스스로 이야기를 완성하듯이, 집 혹은 건축도 사람이 들어감으로써 이야기가 완성된다. 그리고 집과 주인은 살아 있는 생명체처럼 자라기 시작한다.

집은
사람이 살면서
채워진다

기계가 대신할 수 없는 것

"뛰어난 작가가 새로운 스타일과 참신한 표현으로 제시하면 사람들은 그 이야기를 현실과 구별하지 못하게 됩니다. 아니, 때로는 현실보다 더 두렵게 생각하기 시작합니다. 그러니 소설을 읽는다는 것은 어떤 주제나 교훈을 얻기 위함도 아니고, '감춰진 중심부'에 도달하기 위한 여정도 아닙니다.……소설은 세심하게 설계된 정신의 미로입니다. 그것은 성으로 향해 길을 따라 걸어가지만 우리는 쉽게 그 성에 도달하지 못합니다.……우리의 작은 우주는 우리가 읽은 책으로 구성되어 있습니다. 그것들이 조용히 우리 안에서 빛날 때, 우리는 인간을 데이터로 환원하는 세계에 맞설 존엄성과 힘을 가질 수 있을 것입니다." (김영하, 『읽다』, 문학동네, 2018년)

몇 년 전 한국을 대표하는 프로기사 이세돌이 '알파고'라는 컴퓨터 프로그램과 바둑 대결을 해서 세상이 떠들썩했다. 세계적인 기업 구글에서 기획한 행사인지라 전 세계에 생중계되었고, 우리나라 사람들뿐 아니라 전 세계 사람들의 이목이 집중되었다.

바둑을 배운 적이 없어 바둑판을 보아도 어떤 상황인지 전혀 읽지도 못하는 나까지 공연히 흥분해서 이해하지도 못하는 설명을 들으며 일희일비했으니 무척 큰 사건이기는 했다. 그 대국은 인간과 인공지능AI의 대결이라는 틀 안에서 흥미를 유발시켰다.

비록 다섯 판의 대국에서 이세돌이 한 판을 이기고 네 판을 내주며 경기가 끝났지만, 바둑의 역대 기보 3,000만 건이 입력되어 있고 무지막지한 계산 능력을 장착한 인공지능과 인간의 싸움은 그 설정과 과정만으로도 많은 사람에게 놀라움과 감동을 안겨주었다. 그 결과를 떠나서 사람들은 이세돌에게 많은 격려를 보냈고, 미래에 대한 많은 생각과 의견과 걱정이 오고 간 큰 사건이었다.

앞으로는 인간이 인공지능에 밀려날 것이라는 조금 유치한, 음모론이라기도 뭐하고 미래 예측이라기는 더욱 뭐한 이야기가

알레한드로 아라베나는
가장 필수적인 설비를 넣은 집을 절반 규모로 짓고
나머지는 주민들이 살면서 확장할 수 있도록
구상하고 설계했다.
ⓒ Cristobal Palma

떠돌았고, 급기야 인간을 대체할 분야의 목록이 여기저기에 올라왔다. 기대와 불안이 교차하는 이상한 현상이 어디선가 날아와 우리의 머리 위에서 떠돌아다니는 황사처럼 우중충한 시아를 만들어주었다.

그런데 우리는 그런 상황에 대해 충분히 예습을 하지 않았던가. 기계와 인간의 대결 혹은 컴퓨터와 인간의 대결은 영화나 소설이 아주 좋아하는 소재다. 소설이나 영화에서 본 경험을 통해 우리는 기계와의 싸움을 너무나 당연히 겪어야 할 미래로 착각하기도 한다. 그래서 우리는 이세돌을 영화 〈터미네이터〉에서 로봇들과 싸우는 인간 저항군의 대장 존 코너John Connor와 동일시했고, 영화 〈매트릭스〉에서 인공지능과 싸우는 네오Neo와 겹쳐보기도 했다.

그래서 생각해보았다. 과연 기계에 빼앗기지 않을 인간만의 독점적 지위는 무엇일까? 일반화되며 계량되는 학문이나 기술들은 아무래도 '저들'에게 가장 먼저 침탈을 당할 것이다. 그런 식으로 하나씩 지워가다 보니 마지막에 남은 것은 철학이나 문학 등 인간의 사고와 영감으로 피워 올려 개별적인 목소리로 완성하는 분야가 아닐까 생각하는 즈음에 또 기사가 하나 떴다.

일본의 대표적인 SF 작가 호시 신이치星新一를 기리며 만든 문학상에 인공지능이 쓴 소설 네 편을 출품했는데, 그중 일부가 예심을 통과했다는 뉴스다. "그날은 구름이 드리운 우울한 날이었다. 방 안은 언제나처럼 최적의 온도와 습도. 요코洋子는 씻지도 않은 채 카우치에 앉아 시시한 게임을 하며 시간을 죽이고 있다." 이렇게 시작하는 소설이란다. 약간의 클리셰cliché가 있기는 하지만 그래도 훌륭하다.

일상성이 주는 안도감과 공감

소설은 꾸며낸 이야기이며 당연히 허구다. 그러나 우리는 그 이야기를 열심히 듣는다. 소설은 어떤 작가가 우리에게 보여주는 만화경과 같다. 우리는 만화경 통에 눈을 바짝 붙이고 그 안에서 펼쳐지는 이야기 속으로 빨려 들어간다. 간혹 만화경 안에서 펼쳐진 그림이 사실이라고 착각하는 사람이 아주 가끔 있기는 하겠지만, 그것이 허구이며 단지 우리에게 들려주기 위해 만든 이야기임을 다 알고 있다.

내가 왜 하고많은 소설가 중에서 유독 박완서의 소설을 좋아하게 되었는지는 잘 모르겠다. 나는 고등학교 시절부터 박완서의 소설을 열심히 읽었다. 물론 도스토옙스키도 읽었고 카프카도 읽었고 알베르 카뮈Albert Camus도 읽었지만, 그런 외국의 명작을 읽으며 피곤해지고 닳아버린 영혼이 쉬고 싶어질 때면 어김없이 박완서의 소설을 읽으며 치유했다.

박완서의 소설은 웅장한 서사가 있는 것도 아니고 기가 막힌 이야기의 전개가 있는 것도 아닌, 그냥 내가 사는 곳 주변에 있는 사람들이 복작복작 사는 이야기들이었다. 그런데 이상하게 나는 그 이야기가 좋았다. 그리고 그 글 속에 들어가면 편안했다. 이야기에 나오는 사람들은 대부분 그다지 착하지도 않고 그렇다고 대단히 영악하지도 않은 평범한 우리 주변 사람들이었다.

그래서였는지 당시 박완서의 소설을 읽으며 좋다고 이야기하는 내 또래의 고등학생을 만나본 적이 없었다. 『휘청거리는 오후』나 『그해 겨울은 따뜻했네』 등도 좋았지만, 특히 내가 좋아했던 소설은 『엄마의 말뚝』이나 『그 많던 싱아는 누가 다 먹었을까』 등 작가 자신의 삶을 세밀화로 그려내듯 자세히 옮긴 이야기들이었다.

계속 읽다 보니 박완서가 어린 시절 살았던 박적골이나 서울로 올라와 살았던 현저동, 돈암동 한옥 골목의 풍경이 나에게 아주 선명하게 새겨졌다. 어린 시절 귀에 못이 박히도록 들었던 어머니의 젊은 시절 이야기 같았다. 간혹 내가 작가 대신 그녀의 전기를 써줄 수도 있겠다는 생각이 들 정도였다.

물론 나는 소설가 박완서를 직접 만나본 적이 한 번도 없고, 그녀의 육성을 직접 들어본 적도 전혀 없다. 그렇지만 나는 그녀의 소설이 허구가 아니라고 착각하고, 그녀의 생을 모두 알고 있다고 착각했다. 심지어 그녀의 일생을 같이 옆에서 살아보았다

알레한드로 아라베나는
'반쪽짜리 집' 프로젝트를 진행하면서
낡은 집을 고치고 늘리는 요령을 터득한 주민들이
열심히 일한다면 나머지 반을 채울 수 있을 것이라고 기대했다.

는 착각을 하기도 했다.

나중에 내가 박완서의 소설에 귀 기울이게 된 이유를 곰곰이 생각해보니, 그 소설이 갖고 있는 일상성에 있다는 생각이 들었다. 그리고 그 일상성이라는 것이 2차원적인 그림이 아니라 개개인의 피가 흐르고 살집이 잡히는 생생한 우리의 진짜 모습이고, 그런 일상성이 주는 안도감과 공감 때문이었다고 생각한다.

그런 소설가가 또 있다. 일부러 문학상을 받는 소설을 챙겨서 읽지 않는데, 1991년에 서점에 갔다가 이상문학상을 받은 작품들을 모아놓은 책을 한 권 산 적이 있다. 그해 이상문학상은 조성기라는 소설가가 받았다. 그는 『라하트 하헤렙』이라든가 『야훼의 밤』 등을 썼던 유명한 소설가였는데, 나는 그때까지 한 번도 그의 소설을 읽어본 적이 없었다.

책의 가장 앞에 나오는 「우리 시대의 소설가」라는 작품에는 소설가인 강만우와 그를 괴롭히는 독자 민준규가 나온다. 독자는 소설가에게 내용이 마음에 들지 않는다며 책값을 환불해달라고 조른다. 소설이라기보다는 그냥 자신의 체험담을 문학적인 수사를 동원한다든가 젠체한다든가 하는 것 없이 그냥 옆에서 이야기해주는 듯했다. 그리고 그 이야기가 너무 심상尋常해서 안 들어주고 그냥 지나치면 이야기하는 사람이 머쓱해질지도 모른다는 착각이 들기까지 했다. 박완서의 소설과는 또 다른 일상성이며 리얼리즘이었다.

사람만이 만들어낼 수 있는 이야기를 담다

나는 조성기의 소설을 찾아서 읽기 시작했다. 조성기의 소설은 박완서의 소설보다 더욱 소설과 현실의 경계선을 손가락으로 문지르듯 뭉개놓아 찾기 힘들었다. 소설을 읽는 동안 나는 이야기를 계속 듣고 있는 나와, 소설과 현실의 경계를 끊임없이 탐색하는 내가 동시에 작동되었다. 그러다 보니 나는 그가 태어난 고향이며 자란 도시, 고등학교 때 친구와 드나들었던 서울 시내의 사찰과 마당의 회화나무까지 아주 시시콜콜한 신상을 다 알게 되었다.

나는 그의 일생을 영화 〈트루먼쇼〉에서 트루먼 버뱅크Truman Burbank의 일생을 관람하듯 소설을 통해 들여다보았고 관여하게 되었다. 물론 나의 감정이 그의 생에 침투되는 관념적인 관여였지만……. 그리고 그의 소설이 새로 나올 때마다 읽으면서, 그 안에 들어 있고 겹쳐지는 무수한 과거의 씨줄과 날줄을 같이 엮으며 검토하는 지경에 이르렀다.

몇 년 전 『우리는 아슬아슬하게 살아간다』라는 그의 소설집이 나왔다. 책을 손에 넣자마자 다 읽었는데, 그 안에 다시 내가 알고 있는 그의 일상이 펼쳐졌다. 그는 소설을 쓰고 번역을 하고 학생을 가르치고 종교적인 사색을 하고, 그 아래에는 어린 시절의 기억들이 겹쳐져 있는, 그가 지나온 하나하나의 시간과 공간을 꺼내서 천천히 재료의 향을 살리며 이야기를 쌓아올린다. 일부러 지어낸 이야기가 아니라 타래에 감긴 실이 풀려나오듯 자연스럽게 흘러나오는 이야기다.

그 이야기는 결말을 궁금해하며 듣는 이야기가 아니라 우리도 아는 이야기이며, 대단한 결말이 있다든가 대단한 교훈이 남겨지는 이야기가 아니다. 그냥 사람의 이야기다. 그런데 그냥 사람의 이야기를 만드는 것은 참 어려운 일이다. 그것은 틀이 있는 것이 아니고 공식이 있는 것도 아니다. 오직 사람만이 만들어낼 수 있는 이야기이기 때문이다. 그 밋밋하고 뻔한 이야기에 감흥을 할 수 있는 것도 역시 사람이어야 가능한 것이다.

건축도 마찬가지다. 몇 해 전에 바그다드 출신의 세계적인 건축가 자하 하디드Zaha Hadid의 부고가 전해졌다. 그녀는 말도 많고 탈도 있었지만 서울을 상징하는 건물 중 하나가 된 동대문디자인플라자DDP를 설계했고, 그와 비슷한 화려하고 독보적인 디자인의 건물을 전 세계 도시에 지었던 건축가다. 학교에서 건축을 배우는 학생들이 미래를 꿈꿀 때 그렸을 만한 건축가의 이상형에 아주 가까웠을 그의 갑작스런 죽음이 놀랍기도 하고 한편으로는 여러 가지 상념에 빠져들게 되었다.

거대한 상업 자본이나 공공의 기대에 부응하기 위한 건축이 꼭 자하 하디드의 건축처럼 거창하고 요란해야만 하는 것은 아니다. 건축계의 노벨상이라 불리는 프리츠커상의 2016년 수상자로

알레한드로 아라베나는
2010년 대지진과 쓰나미 피해를 당한
칠레의 도시 재건 프로젝트(빌라 베르디 하우징Villa Verde Housing)를 진행하면서
"건축은 그 땅을 딛고 사는 사람들의 삶이 녹아들어야 한다"고 말했다.

선정된 칠레 건축가 알레한드로 아라베나Alejandro Aravena를 생각해보면 더욱 그렇다. 역대 수상자들이 전 세계를 무대로 활약해온 반면, 1979년 프리츠커상 제정 이후 최연소 수상자(48세)인 그는 주로 칠레와 남미 지역에서 활동하고 있다.

그는 공공건축 프로젝트 그룹인 '엘레멘탈Elemental'을 이끌며 2010년 대지진과 쓰나미 피해를 당한 칠레의 도시 재건 프로젝트에서 주도적인 역할을 하기도 했다. 그는 "건축은 그 땅을 딛고 사는 사람들의 삶이 녹아들어야 한다"고 말했는데, 대표적인 프로젝트가 '반쪽짜리 집Half a House'으로 불리는 저소득층을 위한 공동주택 작업이다.

그는 칠레 이키케Iquique의 킨타 몬로이Quinta Monroy에 30년 된 낡은 슬럼가의 100여 가구를 재개발하면서, 5,025제곱미터(약 1,520평)의 부지에 가구당 7,500달러라는 저예산으로 건축면적 36제곱미터(약 10평)의 살 만한 집을 제공해야 했다. 그는 정부가 주도했다가 실패한 다른 사업들의 전철을 밟지 않기 위해 지역 주민들과 이야기를 나누었다. 주민들이 원하는 것은 도시 외곽으로 밀려나지 않고 거주지를 지키면서 앞으로 중산층 수준의 삶을 이루어가고자 하는 것이었다.

그는 집을 가장 필수적인 설비를 넣은 절반 규모로 짓고 나머지는 살면서 확장할 수 있도록 구상했다. 이미 살던 낡은 집을 고치고 늘리는 요령을 어느 정도 터득하고 있던 주민들이 열심히 일한다면 나머지 반을 채울 수 있을 것이라는 기대에 부응하듯, 2004년 입주 후 2년여 만에 집의 가치는 2만 달러 수준으로 상승했다고 한다. 사람이 공간에 몸을 맞추는 것이 아니라, 그렇게 사람들의 일상이 녹아들어 완성된 건축을 보는 것이 '반쪽짜리 집'에서 그렸던 건축가의 기대였을 것이다.

집은
희망으로
짓는다

사람은 희망으로 산다

좋아하는 소설가를 꼽으라면 나는 제일 앞자리에 프란츠 카프카를 내세운다. 또한 그를 좋아한다고 자처하는 많은 사람이 그러하듯이 나 또한 그의 소설을 완전히 이해하지는 못하고 있고, 심지어 이해는 고사하고 제대로 읽지도 못한다. 그의 소설들은 몇 번을 읽어도 읽을 때마다 무거운 짐을 지고 뙤약볕을 걷는 듯한 무게를 느끼게 되며, 인내심을 총동원하게 된다.

내가 그를 좋아하는 감정은 사실 대부분은 경외감일 것이고,

약간은 무언지 알 수 없으나 너무나도 사실적인 인간 존재의 조건에 대한 공감일 것이다. 그의 소설은 늘 다소 엉뚱하고 부조리한 상황으로 시작하는데, 천연덕스럽게 그 안에서 일어나는 삶에 대한 이야기가 채워지고 주인공들은 그런 상황을 낙천적으로 받아들이며 살아간다.

사람이 벌레가 된다든가, 갑자기 법원에 끌려가서 모진 수모를 받는다든가, 어떤 성城에 채용되어 성문 앞에 도착했으나 들여보내주지 않아 그 안으로 들어가기 위한 주인공의 이야기로 500쪽 가까운 분량이 채워진다든가 하는 그런 상황들 말이다.

소설 『성』은 카프카의 대표작이다. "K는 밤늦은 시간에 도착했다"라는 아주 간명한 문장으로 시작하는 이 소설은 베스트베스트 백작의 성에 측량기사로 초청된 K라는 사람이 그 성으로 들어가기 위해 노력하는 내용이다. 나는 그 소설이 좋다길래 어느 날 집어들었다. 당시 고등학교 1학년이었던 나는 책도 많이 안 읽으면서 지적 허영심만 대단해서 꼭 그런 소설만 집어드는 이상한 습관이 있었다.

그 소설은 내가 골랐던 다른 소설들 중에서도 특히 나를 곤혹스럽게 했고 궁지에 몰아넣었다. 나는 그 책을 읽다 말다 하며 몇 년 동안 반복해 읽었다. 줄거리도 없고 진행도 없으니 200쪽 정도 읽다가 덮고 다시 펴서 읽기 시작하다가 덮고는 했는데, 다시 읽기 시작할 때마다 그 생소함은 가시지 않았다. K는 정말 이상한 상황들을 만나고 정말 이상한 사람들을 만나며 결국 성에 들어가지도 못한 채 이야기가 끝난다.

카프카의 소설에 나오는 상황은 황당하고 생소하기는 하지만, 인간이 사는 조건과 환경을 아주 극단적으로 심지어는 리얼하게 그려놓은 것이다. 너무 리얼한 민낯을 보면 낯설어지는 것처럼, 카프카가 던져준 주제가 우리를 당황하게 하고 피곤하게 했던 것이라고 혼자 자위해보았다. 영화 〈매트릭스〉에서 그 세계에 사는 사람들이 자신의 본모습을 일부러 외면하고자 하는 것처럼, 우리 역시 그런 감정적인 기제機制가 작용하는 것 같다.

그렇지만 그의 글에는 괴로운 현실과 그 현실 안에서 낙천적으로 살고자 하는 주인공과 그를 앞으로 가게 하는 힘이 있다. 그 힘은 '희망'이라는 추상적인 힘이다. "그러나 저로서는 그래도 희망이 있다고 기대하고 있는 것입니다. 그렇지 않다면 어찌 살아나갈 수 있겠습니까." 『성』에서 주인공 K가 한 말이다. 도무지 이루어지지 않을 것 같은 좌절 속에서 속이 빈 것처럼 계속 성에 들어가고자 하는 사람이 하는 말치고는 너무나 담백하다.

사람은 희망으로 산다. 겨울을 버틸 수 있는 것은 겨울의 끝은 봄이라는 희망이 있기 때문인 것처럼, 세상이 힘들고 험해도 사람이 살아나가는 것은 희망이라는 아주 멀리서 가느다랗게 비추는 빛 때문이다.

건축의 재료는 희망이다

집을 짓는 일과 집을 설계한다는 일이 어렵기도 하고 힘들기도 하지만, 그래도 여전히 계속하는 이유는 사람들과 희망을 나누는 일이기 때문이다. 법률가가 하루 종일 사건이나 문제와 만나야 하고 의사가 아픈 사람을 만나야 한다면, 건축가는 하루 종일 희망과 만난다. 건축의 재료는 궁극적으로 희망이다. 우리를 찾는 모든 사람은 꿈꾸어온 집을 짓겠다는 희망을 가득 담고 온다. 우리는 그 희망을 집이라는 구체적인 형상으로 옮긴다.

몇 년 전 대한적십자사에서 다문화가정을 돕는 프로그램을 진행했는데, 힘을 좀 보탤 수 없느냐고 해서 잠시 도와준 적이 있다. 어떤 방식으로 도와주는지도 잘 모르고 그저 취지가 좋기에 참여했는데, 대부분은 한국에 시집 온 외국인 신부가 있는 집의 주거와 보건 환경 개선 사업이었다. 주로 동남아시아 지역 출신인 부인들은 아주 활기차고 건강한 사람들이었다. 여러 가지 경로로 우리나라에 들어와서 가정을 꾸리고 있는데, 안타깝게도 우리가 만난 집들은 경제적으로 궁핍하고 대가족이고 가족 중 일부가 몹시 아픈 상황이었다.

전국에 있는 다문화가정 중에서도 도움이 시급한 집들을 대상으로 했기 때문에, 한 집에 배정된 예산이 그리 많지 않았다. 그 예산으로 환자를 돌보고 집도 개선하는 것은 무척 어려운 일이었다. 더군다나 젊은 사람들이 많이 빠져나간 우리나라 농촌에 와서 활기를 넣고 힘들게 살아가는 그들의 모습을 보면 미안한 마음도 많이 들었다.

우리가 관여했던 집이 몇 채 있었는데, 그중 강원도 철원에서 만난 필리핀인 부인이 가장 인상적이었다. 한국에 시집 온 지는 15년 되었고 방 2칸과 부엌이 딸린 아주 낡은 집에서 두 아들과 시아버지, 몸이 불편한 남편과 함께 살고 있었다. 그런데도 그 부인은 요양원에서 일을 하며 가족들을 돌보고 여러 가지 자격증을 따기 위해 공부를 하고 있었다. 그리고 무엇보다도 성격이 아주 밝았다.

배정된 사업비를 쪼개서 남편의 병을 치료하고 집을 고쳐주는 일이 우리가 할 일이었다. 창고를 개조해서 만들어 춥고 어두운 집이 일단 문제였지만, 그 옆에 낙후된 축사가 오염된 채 방치되어 있는 등 주변 환경 개선 역시 쉬운 문제가 아니었다. 당장은 방법이 없어 보였다. 먼저 난방을 위해 설치한 연탄보일러가 제대로 된 환기창도 없이 집 안에 들어와 있어 안전에 대한 대책을 세워야 했다. 단열을 보강해 열손실을 줄이고, 지붕도 개량하기로 하는 등 내부 공간의 개선에 대한 이야기도 이어졌다.

무엇보다 수세식 화장실이 없어 어린 두 아들이 불편해하는 것이 가장 안타까워서 그것만은 꼭 해결하자고 의견을 모았다. 그리고 일이 시작되었다. 일주일 남짓한 짧은 시간에 부족한 예

다문화가정을 돕기 위한 대한적십자사의 지원 대상이 된 철원 주택의 변경 전 모습과 대한적십자사 회원들의 도움으로 단열·안전 등 주거와 주변 환경이 개선된 뒤 주택의 모습이다.

산으로 과연 이 모든 것을 해결할 수 있을까 하는 의문을 가질 사이도 없이, 우리가 미처 알지 못했던 큰 자원이 가동되었다.

그것은 대한적십자사라는 조직이 갖고 있던 힘이었는데, 청소년적십자 학생들 한 무리와 철원 대한적십자사 회원들이 개미처럼 모여서 순식간에 마당의 쓰레기를 정리하고, 건축 관련업을 하는 회원들이 자원해 집 안팎을 수리해주었다.

그렇게 동화에서 요정이 마술봉을 휘두르듯 일은 진행되었다. 그사이 오랫동안 몸이 불편해 쉬고 있던 가장도 수술을 하면 완쾌할 가능성이 높다는 진료 결과를 듣고 희망에 차서 열심히 일을 나가 막내의 자전거를 마련했다. 버스가 자주 다니지 않아 놓치면 1시간씩 걸어 학교에 가던 아이를 위한 귀한 선물이었다.

공사가 끝나고 모두 넓은 마당에 즐겁게 모여 있던 오후, 아이가 자전거를 타고 마당을 빙글빙글 하염없이 돌아다녔다. 큰 그늘을 드리운 마당의 나뭇가지마다 희망이라는 열매가 가득 피어오른 행복한 날이었다.

희망의 이야기를 담다

어려운 이들에게 집을 마련해주는 일로 가장 잘 알려진 단체는 '해비타트habitat'가 아닐까 싶다. 1973년 미국의 밀러드 풀러

Millard Fuller 부부가 아프리카 자이르Zaïre(현재 콩고민주공화국)에서 가난한 사람들을 위해 집을 지어주었던 것에서 시작되어, 1976년 기독교 자원봉사운동단체의 성격을 가진 국제해비타트가 창설되었다고 한다. 한국에서는 1992년 한국 사랑의 집짓기 운동연합회가 출범해 일반 자원봉사자뿐만 아니라 건축을 전공하는 많은 학생이 해비타트에 참여하고 있다.

다만 늘 시간에 쫓기고 비용이 부족한 이런 사업에 대해 한편으로는 제대로 된, 말하자면 실용적이면서도 디자인적으로도 가치가 있는 계획과 실행이 아쉬운 것도 사실이다. 그저 비를 피하고 쉴 수 있는 공간을 만드는 데 급급하다면, 그간의 역사를 통해 인류가 쌓아온 그 무한한 능력과 기술은 참으로 공허한 것이 아닐까?

그러한 의문에 대한 하나의 응답으로 설립된 비영리 건축 단체가 '아키텍처 포 휴머니티Architecture For Humanity'다. 이 단체는 1999년 영국 출신의 건축가 캐머런 싱클레어Cameron Sinclair와 저널리스트 케이트 스토Kate Stohr가 공동으로 설립했다. 이들은 정신적으로나 물질적으로 위기에 처한 인류를 위한 전문적인 디자인을 통해 지속가능한 미래를 목표로 인도주의적 건축을 실천하고자 한다.

캐머런 싱클레어는 "전문직에 종사하는 우리의 역할이란 환경을 향상시키는 데 있지만, 실제로 극소수의 요구만을 따르는

비영리 건축 단체인 '아키텍처 포 휴머니티'는
인류를 위한 전문적인 디자인을 통해
지속가능한 미래를 목표로 한다.
아키텍처 포 휴머니티가 대지진이 발생했던
아이티의 한 지역에 세운 학교.

것처럼 보인다. 잘 고안된 디자인이 비용 문제에 묶여 있으면 곤란하다"며 생각은 비슷하지만 이런 일에 참여할 만한 기반이나 계기를 만들기 위해 조직을 만들었다고 말한다.

처음에는 단순한 웹사이트에서 출발했지만, 사회적 역할을 고민하는 디자이너, 건축가, 시공자, 후원자가 연결되면서 재난 지역 난민들을 위한 임시 주택에서 학교와 보건소 등 다양한 프로젝트가 실현되었다. 또한 '오픈 아키텍처 네트워크 openarchitecturenetwork.org'라는 오픈소스 웹사이트를 열어 관련 자료의 자유로운 열람과 참고가 가능하도록 돕고 있다.

그들은 2010년 대지진으로 큰 피해를 본 아이티 주민들을 위해 거의 5년에 걸쳐 주택, 병원, 사무실, 학교를 포함한 13개의 빌딩 등 50여 건의 프로젝트를 완성했다. 1만 8,000여 명의 학생을 위한 교육 공간과 더불어 이들의 작업은 100만 명 이상의 아이티인의 삶에 긍정적인 영향을 미쳤다. 재난 지역뿐만 아니라 문화적으로 혹은 사회적으로 열악한 환경에 처한 사람들을 위한 도움도 지속적으로 구상하고 있다.

브라질의 산타크루스Santa Cruz에 있는 '노숙인월드컵유산센터 The Homeless World Cup Legacy Center'는 축구를 통해 사회적 변화를 유도하는 프로토타입 시설로 지어진 것이다. 2010년 가을 리우데자네이루에서 노숙인 월드컵이 열렸는데, 아키텍처 포 휴머니티와 주최 측인 나이키가 현지 파트너와 협력해 이 센터를 세워 지

희망은 인간이 서로 사랑하면서 살아가게 하는 에너지원이다.
브라질의 산타크루스에 있는 노숙인월드컵유산센터.

역 사회 커뮤니티를 위한 서비스 공간으로 확장하고자 했다. 노숙인월드컵재단은 노숙인들이 축구를 통해 자신의 삶을 바꾸도록 격려하고 힘을 불어넣고 있는데, 매년 수십 개국에서 수 만 명 이상이 참여하고 있다고 한다.

현실이 녹록했던 적은 세상이 만들어진 후 한 번도 없었다. 그래도 인간이 서로 사랑하면서 살아가는 것은 희망이라는 고갈되지 않는 막대한 에너지원이 있기 때문이다. 희망은 우리를 웃게 만들고 우리를 일으켜 세운다. 인생도 건축도 우리의 모든 생활은 희망을 통해 영위된다고 생각한다. 그러는 사이 보이는 곳에서, 혹은 보이지 않는 곳에서 사람들의 희망과 그 이야기를 담는 공간들이 자라나고 있다.

우리의
정서와 정신을
담아내다

'고희동 가옥'에서 가졌던 의문

건축사무소에서 하는 일이란, 절반은 실제로 지어지는 건물을 설계하는 것이고, 절반은 지어질지 모르는, 지어질 수도 있는 건물에 대한 꿈을 그려주는 것이다. 전자에 비해 후자는 주로 가능성을 검토하는 일이라 어찌 보면 현실을 살짝 아름답게 포장하고 조금 과장하면서 상상력을 총동원해 보는 사람이 즐거워지고 지어야겠다는 '구매 욕구'가 생기도록 해야 하는 일이다. 그래서 많은 궁리를 한다.

1990년대 중반, 아직 독립하기 전 어떤 건축사무소의 직원으로 일하다 보았던 '그 집'도 그런 과정 속에서 만나게 된 집이었다. 어떤 사람이 창덕궁 옆 원서동에 있는 조금 넓은 땅에 커다란 '빌라'를 한 채 짓고자 하는 일을 맡게 되었다. 상사에게서 전해 듣기만 했을 뿐 그 사람을 본 적도 없고 어떤 집을 원하는지도 모르겠지만, 일단 일을 시작하자면 현장에 가서 보고 조사하는 것이 설계의 가장 기본적인 순서다.

이튿날 낮에 원서동으로 향했다. 지금이야 동네가 깨끗해지고 멋들어진 찻집도 많이 생기고 길도 꽤 넓어졌지만, 그때는 사실 '뜨기' 조금 전이었던지라 동네가 아주 수더분했다.

창덕궁 담을 끼고 한참 걸어서 들어갔는데, 길이 거의 끝나가는 부근에 집 지을 땅이 보였다. 빈터는 아니고 벽돌로 길게 담을 쌓아놓은 집이 한 채 있었다. 옆구리로 난 대문을 열고 안으로 들어갔더니, 언제 사람이 살았는지 도저히 가늠이 안 되는, 오랜 시간 사람의 냄새를 맡지 못하고 산 듯한 집이 웅크리고 앉아 있었다.

나는 그저 '북촌에 있는 평범한 한옥이겠지'라고 생각하며 집 안으로 들어갔다. 사실 우리에게 일을 의뢰한 사람의 계획대로라면, 그 집은 금세 헐릴 것이고 그 자리에 빌라를 지을 것이기 때문에 땅을 보기 위해 간 것이지 집을 보기 위해 간 것은 아니었다.

대문을 들어서니 바로 현관이 나왔다. 한옥에 현관이 있는 것도 조금 특이했는데, 그 안으로 들어가자 더욱더 특이한 공간이 펼쳐졌다. 한옥과 양옥, 일본식 집의 형식이 교묘히 섞여 있었다. 외관은 한옥이었고 전체적인 골격도 한옥이었지만, 지었던 사람 혹은 살았던 사람의 독특한 기호와 개성이 그대로 드러나는 특이한 집이었다.

내부 공간의 구성도 우리가 알고 있는 기존 한옥의 구성과 달랐고, 타일 등의 현대적인 재료들이 중간중간 섞여 있음에도 전혀 어색하지 않았다. 그 집은 그런 재료들을 위해 설계된 것처럼 자연스러웠다.

나는 새로운 설계를 하는 것 이상으로, 그 '한옥'을 열심히 들여다보고 스케치를 했다. 그리고 그 땅에 여러 세대가 들어가 수익을 많이 올릴 수 있는 3층짜리 평범한 빌라를 설계했지만, 결국 그 일은 더는 추진되지 않았다.

나는 그 일을 잊고 살았는데, 몇 년이 지나고 독립해 내 사무소를 열었을 때 어디선가 그 집에 대한 이야기를 듣게 되었다. '고희동 가옥'이 헐릴 위기라는 소식이 화제가 되어, 관련 기사를 자세히 읽다 보니 몇 년 전 내가 들어가 보았던 바로 그 이상한 한옥이었다.

고희동이라면 서양 회화가 우리나라에 들어올 당시의 화가 아닌가. 그리고 그 집은 고희동이 직접 설계한 집이라고 했다. 그때서야 나는 그 집에 가서 느꼈던 여러 가지 묘한 느낌이 이해되기 시작했다. 그 집은 한옥을 기반으로 근대와 현대를 동시에 겪

내부 공간은 기존 한옥의 구성과는 달랐지만,
살았던 사람의 독특한 기호와 개성이
그대로 드러나는 특이한 집이었다.
복원된 고희동 가옥의 외관.

었던 당시의 생활 방식이 반영된 그야말로 '이 시대의 한옥'이었던 것이다. 그리고 그 위에 여러 겹의 시간과 문화의 진보가 덧씌워지면서 아주 묘한 시간의 단층을 보여주었던 것이다.

한옥은 이 시대의 삶을 담을 수 있을까?

고희동 가옥은 이후로도 여러 가지 논란이 있었고 마찰이 있었지만, 결국 말끔하게 새로 고쳐졌고, 지금은 기념관의 용도로 쓰이고 있다고 한다. 그러나 나는 그 집에 한 번도 가지 않았다. 왜냐하면 모르는 채로 큰 잘못을 할 뻔했던 과거에 대한 약간의 죄책감이 있어서이고, 걱정도 조금 있었다.

말끔히 새로 고쳐졌다는 것은 그 집이 갖고 있는 다층적인 시대상과 주거의 변천 과정이 지워진 채, 혹 박제처럼 방부 처리하고 각을 세워서 보여주는 집으로 변하지나 않았을까 하는 의구심 때문이었다.

그런 걱정은 사실 '오래된 것은 모두 아름답다'는 낭만적이기만 한 생각일 수 있다. 그러나 주거라는 것은 단지 사람이 사는 물리적인 공간만을 의미하는 것이 아니라 어떤 민족이나 문화적인 공동체가 살아온, 역사의 한 부분이고 그 속성에는 끊어지지 않고 이어지는 연속성이 포함된다. 아마 이 지점에서 한옥에 대한 다양한 견해차가 생기는 모양이다.

북촌에서 시작된, 한옥을 고쳐서 살려내는 일에 한참 사람들의 관심이 모아졌다가, 최근에는 아예 한옥을 새로 지어 주거의 또 다른 대안으로 만들자는 움직임이 크게 일어나고 있다. 심지어 새로 조성되는 뉴타운이나 여러 곳의 지자체에서 대규모 한옥마을이 만들어지고, 한옥의 건설을 정책적으로 지원하기 위해 '국가한옥센터'도 운영되고 있다.

그렇게 한옥에 대한 정책과 지원이 늘어나면서 2015년 6월부터는 '한옥 등 건축자산의 진흥에 관한 법률'도 시행되고 있다. 여기서 정의하는 '한옥'이란 주요 구조가 기둥·보, 한식 지붕틀로 된 목구조로 우리나라 전통 양식이 반영된 건축물과 그 부속 건축물을 말한다. 그리고 '건축자산'이란 한옥을 포함해 고유의 역사적·문화적 가치를 지닌 건축물, 공간 환경, 기반 시설 등을 두루 포함하고 있다.

일단 지정된 문화재는 대상에서 제외한 것도 '한옥이라면 무조건 원형 보전'식의 태도에서 좀더 유연해진 것으로 보이지만, 아직도 한옥을 형태와 구조 방식으로 정의하는 데 그치고 있다는 아쉬움이 남는다.

한옥과 관련한 그런 움직임에 드는 의문은, 한옥이라는 형식이 과연 이 시대의 삶을 담을 수 있는가 하는 점이다. 한옥에는 고정된 틀이 없다. 한옥을 포함해서 집이란 사는 사람이 자신의

집은 단지 사람이 사는
물리적인 공간만을 의미하는 것이 아니라
어떤 민족이나 문화적인 공동체가 살아온
역사의 한 부분이다.
고희동 가옥의 복원 후 모습.

몸에 맞게 손보고 고치며 다듬어가는 공간이기 때문에, 그것을 문화재 다루듯 지키고 보존해야 할 무엇으로 생각하는 것은 무척 곤란한 일이다.

대체 우리가 알고 있는 한옥은 어떤 집을 이야기하는가? 어디까지가 한옥이고 한옥이 아니라는 기준이 불분명한데, 사람들은 어떤 집을 두고 한옥이다 한옥이 아니다 논란을 벌인다. 아무도 그에 대한 명쾌한 답을 하지 못하면서, 지붕 모양으로 저것은 한옥이네, 혹은 일본식 집이네 쉽게 이야기만 할 뿐이다.

예전에 동네를 가득 메우고 있던 한옥들을 누추하고 어두워 부끄럽다며, 갑자기 들이닥친 손님을 맞을 때처럼 방 안에 있는 자질구레한 살림들을 발로 대충 치워 벽장에 쓸어넣듯 부숴버렸던 기억이 내게는 아직도 생생하다. 그러더니 어느 날 한옥이 돌아왔다 하며 마라톤 전쟁의 승전을 알리듯 요란한 나팔을 불며 사방에서 환호를 하고 있다.

한옥이 어쩌다 다시 무대에 오르게 되었는가? 그 이면에는 정책 차원에서 볼 때 한류와 한스타일han-style 등 우리 문화의 정체성을 알리는 또 하나의 분야로 부각할 만하다는 것과 개인들에게는 아파트나 일반 콘크리트 현대식 주택보다 좀더 자연친화적이고 건강증진적인 주택에 대한 기대가 작용한 것 아닌가 싶다. 특히 무언가 남들과 '다르게' 구별 짓고자 하는 사람들의 열망이 있음을 부인하기 힘들다.

지금의 한옥은 예전처럼 동네의 큰집, 작은집, 몇 집 이웃이 모여서 품앗이하며 멀리서 불러온 대목과 여러 '쟁이'와 직접 손으로 나무를 재단하고 마름질하고 켜고 다듬어가며 소박하고 인간적인 분위기 속에서 짓던 집이 아니다. 공정마다 일일이 사람 손이 개입해야 하는 터라 보편적인 공법의 몇 배가 드는 공사 비용도 문제고, 한옥을 멀리 하는 사이 우리의 라이프스타일도 많이 변해버렸다는 것도 문제다.

우리 시대, 한옥의 가치

한옥에는 좌식 생활을 하던 우리 조상들, 멀리 갈 것도 없이 30여 년 전 우리의 삶이 담겼다. 방에 앉아서 밥을 먹고, 밥상을 물리면 그 자리에서 앉은뱅이책상을 놓고 공부하고, 벽장에서 이불을 꺼내 깔고 자고, 비가 오면 문을 열어 처마에서 떨어지는 낙숫물 소리를 들었다. 지붕에 가려진 태양의 빛은 흙 마당을 통해 반사되어 천장에 어른거리며 방을 환하게 해주기도 했다.

그러나 지금 우리는 식탁에 앉아서 밥을 먹어야 하고, 소파에 앉아서 텔레비전을 보아야 하고, 침대에 누워서 잠을 자야 한다. 그런 가구들은 주거 공간에서 훨씬 넓은 면적을 차지한다. 우리가 지금의 입식 생활을 가지고 한옥으로 들어가면, 앉아 있는 공간은 쪼뼛해지고 답답해지고 마루는 조명 없이는 컴컴해진다. 내용이 형식을 지배하고 라이프스타일이 집을 만드는 것이다.

'민가다헌'이라고 서울 경운동 수운회관에서 인사동으로 들어가는 초입에 근대 초기의 한옥을 양식당으로 사용하고 있는 곳이 있다. '민가다헌'은 민영휘의 아들 민대식이 두 아들 민병옥과 민병완을 위해 같은 모양으로 나란히 지은 집 두 채 가운데 하나다. 현재의 주차장 자리에 있던 또 하나의 집인 각심재恪心齋는 월계동으로 옮겨졌다.

한옥에 현관을 만들고, 화장실과 욕실을 내부로 넣고 이를 연결하는 긴 복도를 둔, 당시로서는 파격적인 형태의 이 집은 근대적 건축 개념이 도입된 한국 최초의 개량 한옥으로 일컬어진다. 동향으로 난 대문을 들어서면 'H'자형(예전 식으로 말하자면 '工'자형)의 본채가 남향으로 배치되어 모든 방에 채광이 잘 되도록 했고, 대청을 1칸 규모로 축소하고 별도의 응접실을 두었다.

현재 북촌 등에 남아 있는 'ㄱ', 'ㅁ'자 형태의 한옥들과 달리, 이 집은 전통적인 서울·경기 지방의 'ㄱ'자형 평면에 현대적 개념의 응접실·욕실 등을 배치한 것이 독특하다. 지금의 인테리어도 당시 집주인이 사용했던 빅토리아풍 가구를 재현했다. 당시로서는 파격적으로 서구의 주거 형태를 도입해 우리 주택의 변천사를 볼 수 있는 이 집의 설계자는 건축가 박길룡朴吉龍이다. 사실 이 집에 굳이 '개량 한옥'이라는 이름이 붙은 것도 현대식 건축

민가다헌은 한옥에 현관을 만들고,
화장실과 욕실을 내부로 넣고 이를 연결하는 긴 복도를 둔,
당시로서는 파격적인 형태의 집이다.

교육을 받은 최초의 한국인 건축가인 박길룡의 이름이 걸려 있기 때문이 아닌가 싶다.

박길룡은 지금의 종로타워 자리에 1980년대 말까지 있었던, 명동의 일본인 상권에 대응하는 조선인 상권의 상징이었던 옛 화신백화점을 설계했다. 한국 근대건축의 선구자로 평가되는 그는 경성공업전문학교 1회 졸업생으로 1920년 조선총독부에 건축 기수技手로 들어가 청사廳舍 신축공사에 실무자로 참여하기도 했다.

우리가 잘 아는 시인이자 건축가였던 이상의 선배이기도 한데, 특히 종로 일대를 중심으로 여러 근대식 빌딩을 세워 한국인 건축가로서 자긍심을 높여갔다. 또한 주거에 대한 문화·개량·위생 운동을 벌이고 신문·잡지 매체를 통해 건축 계몽운동을 벌이기도 했는데, 민가다헌은 그러한 그의 건축적 이념이 반영된 결과물이라 할 수 있다.

이미 80여 년 전의 건축가가 실현했듯이, 전통은 계승해야 하는 것이지 답습하는 것이 아니다. 예전의 한옥 모습을 그대로 재현한 한옥이라는 이름의 상품에 사는 것이 아니라, 새로운 환경에 적응하며 지금의 재료와 구법에 맞는, 우리의 정서와 우리의 정신을 담는 집을 새로운 한옥으로 이어가야 한다. 그것이 우리 시대에 지어지는 한옥이 가져야 할 가치다.

비움과
채움의
삶의 풍경

비워져 있지만, 채워져 있는 공간

집을 지으려는 사람들의 '로망'은 대체로 마당, 마루, 다락 등 아파트에서는 경험할 수 없는 공간들을 원하면서 시작된다. 그래서 보통은 땅의 한편에 커다란 집을 앉히고, 널찍하게 남은 부분에 잔디를 심어놓고 흐뭇해한다. 집이라고 하면 일단 방이 모여 있는 건물 내부만을 생각하고, 마당이란 그저 건물 바깥의 나머지 빈 공간일 뿐이라고들 생각하기 때문이다.

원래 우리 건축에서 집과 마당의 관계는 그렇게 간단한 것이 아니었다. 액자 속에 있는 그림과 여백의 관계와 비슷하다. 그림을 그릴 때 무언가 대상을 그리고 나면 빈 부분이 생기는데, 서양의 그림은 무언가 표현하고자 하는 대상이 중요하게 생각되는 데 비해 동양의 그림은 그리고자 하는 대상만큼이나 나머지, 즉 여백도 중요하게 생각되었다. 그래서 그림을 그릴 때 어떤 그림을 그리느냐만큼 얼마나 여백을 훌륭하게 비워 놓느냐 하는 것도 아주 중요한 요소였다.

동양과 서양의 건축이나 집에 대한 생각의 차이 또한 그런 관점에서 비롯되었다고 할 수 있다. 요즘 사람들은 여백으로 표현한 마당이라는 공간을 느끼면서 살기가 쉽지 않다. 그나마 아파트가 지을 만큼, 아니 지어야 할 양보다 훨씬 많이 지어져서인지 최근에는 마당이 있는 집을 짓는 사람이 조금씩 늘고 있다.

마당을 갖고 싶다면서도, 막상 집을 짓고 싶다고 우리를 찾아오는 사람들과 이야기해보면 마당을 구체적으로 생각하는 사람은 별로 없다. 안방은 이렇게 해주세요, 아이들 방과 서재는 저렇게 해주시고, 부엌은 거실과 붙여서 가족을 보면서 일을 할 수 있게 해주세요 등 방의 성격과 위치, 모양, 분위기에 대해 아주 자세히 시시콜콜 이야기한다. 그런데 마당은 대충 잔디를 깔든가 나무로 만든 데크를 놓든가 뭐 그런 정도의 요구뿐인 경우가 대부분이다.

사실 마당도 방처럼 여러 가지 모양과 여러 가지 색깔과 여러

육간대청 크기만큼 널찍한 명재 고택 안마당은
넓고 깊고 네모반듯하며,
마사토가 곱게 깔려서 아주 환하다.

가지 온도를 가져야 하고 다양한 이름을 붙여야 한다고 생각한
다. 그냥 빈 곳이고 멀리서 보는 곳 혹은 꽃을 키우고 나무를 심
는 그런 곳일 뿐만 아니라, 빛으로 채워지기도 하고, 사람들의 움
직임으로 채워지기도 한다. 즉, 마당은 여백을 느끼게 해주기도
하지만 어찌 보면 가득 찬 느낌을 주기도 한다. 마당은 사실 집에
서 참 중요한 일을 하고 있다.

　　그래서 우리는 가끔 이야기한다. 옛 사람들은 집을 지을 때
사람이 사는 건물과 함께 마당도 하나하나 방처럼 세심하게 설계
했다고……. 마당은 어떤 사람이 이용하는지, 어디에 있는지, 어
떤 모양인지에 따라 여러 가지 성격을 갖게 된다. 즉, 마당이란
그냥 비워져 있는 공간이기도 하지만 가장 강력하게 채워져 있는
공간이기도 하다. 적극적으로 사람의 움직임을 정해주고 사람의
마음에 그림을 만들어준다.

공간을 풍성하게 만들다

　　한옥의 마당은 우선 집을 밝게 해준다. 한옥은 빛을 실내로
들여오는 방식이 조금 특별한데, 마당에 반사되어 들어오는 빛을
사용했기 때문이다. 말하자면 직접조명이 아니라 간접조명, 즉
천장에 매달린 전등으로 집 안을 밝게 해주는 것이 아니라 벽에

붙어서 위쪽을 비추는 간접 등이나 독립적으로 서서 바닥을 비추는 스탠드 등으로 조명을 하는 것처럼 효율은 조금 떨어지겠지만 부드럽고 온화한 빛을 비추게 된다.

그런 방식을 채택한 가장 큰 이유는 한옥의 처마 때문이다. 처마는 여름에 강한 햇볕이 집 안을 덥게 만드는 것을 방지하는 역할을 하고, 종이와 나무로 이루어진 한옥의 겉면을 빗물에서 보호해주는 역할도 한다. 다만 집을 더위와 비에서 보호해주기는 하지만 집을 어둡게 만드는 단점도 있다. 이럴 때 마당이 그런 문제를 해결해준다.

한옥의 마당에는 마사토라고 부르는 하얗고 알이 굵은 모래가 깔려 있다. 그리고 항상 정갈하게 빗자루로 쓸어놓아서 단정하고 하얀 마당에 햇빛이 비추면 그 햇빛이 마당에서 반사되어 집 안으로 들어가게 되는데, 그 빛이 아래에서 위로 올려 비치고 천장까지 가는 것이다. 은은한 반사광이 그 방에 앉아 있는 사람의 얼굴에 비치면, 그 사람이 얼마나 우아하고 고상하고 품위 있게 보이는지 보지 못한 사람은 상상하지도 못할 것이다.

또한 마당은 집 안의 온도와 습도를 조절해준다. 알다시피 한옥은 나무와 흙으로 만들어진 집인데, 그 재료가 한옥의 가장 큰 장점이면서 가장 큰 단점이기도 하다. 왜냐하면 나무나 흙이라는 재료는 기후에 큰 영향을 받기 때문에, 따뜻하면 늘어나고 추워지면 줄어들기 때문이다. 또한 습기가 차면 나무가 썩을 가능

마당은 집 안의 온도와 습도를 조절해주는데,
습기가 차면 나무가 썩을 가능성이 많아
마당의 존재가 큰 도움이 된다.
명재 고택 안채로 들어가는 대문 앞의 마당.

성이 많은데, 그럴 때도 마당의 존재가 큰 도움이 된다.

집 앞에 있는 안마당은 물이 잘 흘러가거나 흡수되는 마사토라는 흙이 깔려 있다. 하루 종일 햇볕을 받아 뜨거운 상태를 유지하고 있다. 반면에 뒤에 있는 뒷마당은 대부분 북향의 그늘이기 때문에 1년 내내 햇볕을 받지 못해 서늘한 상태로 유지된다. 집을 사이에 두고 뜨거운 마당과 차가운 마당이 있으니 온도의 차로 인해 기류가 형성되고, 그 기류는 바람이 되어 집의 가운데 있는 대청마루를 들락거린다.

그렇게 집을 돌아다니는 바람이 집 안에 고여 있는 습기를 없애주고 나무가 썩는 것을 막아준다. 특히 무더운 여름날 대청에 앉아서 시원한 바람을 쬐면, 지금의 에어컨으로는 도저히 흉내를 낼 수 없는 시원함을 느끼게 된다.

또한 마당은 집에 사는 사람들의 관계를 중재해주고 사이좋게 만들어준다. 대가족제도하에서 여러 사람이 한집에 모여 살다 보면 아무래도 이런저런 시끄러운 일이 많이 생기게 되는 법이다. 남자와 여자, 어른과 아이, 시어머니와 며느리 등 각자의 입장에 따라 부딪칠 일이 많아진다. 그럴 때 다양한 마당이 사람들을 품어준다.

어떤 정해진 규범이 있는 것은 아니지만, 마당마다 자연스럽게 이름과 주로 사용하는 사람들이 정해진다. 집 안의 중심인 안방이나 대청에서 집안일을 관장하던 시어머니는 주로 대청 앞 안

안마당이 하루 종일 햇볕을 받아 뜨거운 상태라면,
뒷마당은 북향의 그늘이기 때문에
1년 내내 햇볕을 받지 못해 서늘한 상태로 유지된다.

마당, 부엌에서 일을 많이 하던 며느리는 부엌과 곳간이라고 불리던 창고 사이의 옆마당, 남자들은 사랑채에 붙어 있는 사랑마당 등.

마당으로 인해 한옥은 지금의 아파트처럼 거실에 앉으면 모든 가족의 움직임이 보이고 서로 감시할 생각이 없는데도 자꾸 서로 눈에 걸리는 그런 형식이 아니라, 각자 적당히 피해 있을 수도 있고 혼자 즐길 수도 있는 그런 공간이 있는 집이 된다. 그렇게 사람들 간에 적당한 거리를 갖고 각자 독립적인 생활을 하면서 때때로 만나는 생활을 하도록 도와주는 것이 마당의 역할이었다.

각자의 이야기를 품다

집마다 사는 사람이 모두 다른 만큼 당연히 집도 각각 다르고 마당도 역시 저마다 특징을 갖고 있다. 내가 가장 인상적으로 보았던 마당은 충남 논산에 있는 '명재 고택'의 마당이다. 이 집의 마당은 무척 규범적이면서 고답적이며, 정연하면서도 풍성하다. 명재明齋 윤증尹拯은 아주 훌륭한 학자였고, 고려시대 때 동북 9성을 개척한 윤관尹瓘의 후예인 대단한 집안의 후손이었다.

그는 평생 충남 논산에 머물며 공부하고 제자들을 가르쳤는데, 워낙 학식이 높고 인격도 훌륭해서 나라에서 여러 번 벼슬을

내렸지만 번번이 거절했다고 한다.

그러다 세상을 떠나자 한양에서 성균관 학생들이 문상을 하러 내려갔다고 한다. 한양에서 논산까지의 거리는 요즘 같으면 자동차로 2시간 반 정도 걸리지만, 예전에는 걸어가거나 기껏해야 말을 갈아타면서 갔을 테니, 길게는 10일 아무리 짧아도 5일이나 6일은 족히 걸렸을 것이다. 그런 먼 길을 한양에서 학생들이 무리 지어 문상을 왔을 정도면 그 덕망이 대단하기는 했나 보다.

윤증은 송시열의 제자였는데, 나중에 송시열에게 자신의 아버지인 윤선거의 묘갈명墓碣銘을 부탁했다가 사이가 나빠지게 된다. 송시열과 윤선거는 원래 동문수학하던 사이였는데, 몇 가지 정치적이고 학문적 견해차로 소원해진다. 그런데 윤선거 사후 윤선거의 아들인 윤증이 스승 송시열에게 묘갈명을 부탁한다. 이에 송시열은 "누군가 이렇게 이야기하더라"라는 투로 무척 성의 없이 써주었다.

윤증은 몇 차례 수정을 요구했지만 송시열은 고쳐주지 않았고 사제지간인 윤증과 송시열은 갈라서게 된다. 이후 송시열은 노론의 영수가 되고 윤증은 소론의 영수가 되어 학문적인 격돌을 벌이게 된다. 그 사건이 유명한 '회니시비懷尼是非'다. 그런 명재 윤증의 집이라면 무척 기대하게 된다.

그런데 재미있는 것은 정작 이 집이 윤증이 직접 지은 집은 아니었다. 그 아들이 아버지를 편히 모시겠노라며 집을 크게 지어놓아서, 극구 사양하다 여러 차례의 간곡한 부탁 끝에 들어가서 5년 정도 살았다고 한다. 그런 사연이 담긴 명재 고택은 주인의 성격처럼 깔끔하고 단정하며 기품이 있는 집으로 잘 지어졌고, 지금도 그런 모습으로 남아 있다.

이 집의 첫 번째 마당은 동네에서 집으로 들어가는 입구에 있는 넓은 빈터다. 그것은 집안사람들뿐만 아니라 동네 사람들까지도 모여서 놀 수 있고 즐길 수 있는 마을 공동의 마당이다. 당시 윤증이 집안의 큰 어른이자 마을의 큰 어른이었기 때문에 아마도 마을에 큰일이 생길 때마다 사람들이 이 마당으로 찾아와 말씀을 올리고 가르침을 받았을 거라고 짐작된다.

정면의 사랑채를 사이에 두고 두 개의 문이 보인다. 오른쪽은 사당으로 들어가는 문이고, 왼쪽은 안채로 들어가는 대문이다. 안채로 들어가기 전에 폭이 넓고 깊이가 얕은 마당이 나오는데, 그 마당은 집 안으로 들어가기 전에 있는 '들어가는 마당'이다. 이 마당에서 집으로 들어가는 바깥 사람들이 잠시 머물기도 하고 용건을 이야기하기도 했을 것이다.

이 집의 중심이라고 할 수 있는 안마당이 나온다. 육간대청 크기만큼 널찍한 안마당은 넓고 깊고 네모반듯하며 마사토가 곱게 깔려서 아주 환한 마당이다. 이를테면 아주 잘생긴 사람의 반듯한 이마 같다고나 할까. 그리고 마당을 'ㄷ'자로 싸고 있는 집은 날개를 펼친 것 같은 모양인데, 그 끝에는 부엌 두 개가 마주 보

집마다 사는 사람이 모두 다른 만큼
마당도 저마다 특징을 갖고 있다.
명재 고택의 마당은
규범적이면서 고답적이며, 정연하면서도 풍성하다.
명재 고택 사랑채 앞의 마을 공동의 마당.

고 있다. 왼쪽 부엌에서 밥을 짓고 음식을 만들었는데, 종갓집이다 보니 제사도 많이 지내고 손님도 많아서 일이 끊이지 않았을 것이다. 그래서 그 부엌에 불이 꺼질 날도, 부뚜막이 마를 날도 없었을 것이다.

그 부엌 뒤로 창고와 부엌 사이에 긴 마당이 있어서, 며느리나 부엌에서 일을 해야 하는 여자들이 약간 쉴 수 있는 틈이 되어 준다. 재미있는 것은 그 마당에서 뒤쪽을 보면 산이 보이는데, 여자를 상징하는 옥녀봉이라는 산봉우리가 삐죽 튀어나와 있다.

대청 뒤로는 조금 높은 마당이 있는데, 그곳에는 아주 반들거리는 장독이 놓여 있고 작은 화단이 꾸려져 있다. 이 공간은 대청에 아기자기한 풍경을 제공하는 뒷마당이고, 이 역시 여자들이 멋을 부리며 가꾸는 마당이다. 그리고 안마당에서 볼 때 오른쪽으로 폭이 좁고 긴 마당이 있다. 그 마당의 끝에는 돌로 쌓아 만든 단이 있고, 그 위로 나무가 한 그루 심어져 있다.

오른쪽으로 바깥으로 나가는 작은 문이 있는데, 그 문을 나서면 사당과 연결된다. 이 집의 종손이 지나는 마당이었을 것이다. 종손은 제사를 지낼 때가 되면 옷을 잘 차려입고 제사를 주관해야 하는 주인공으로서 자세를 가다듬으며 방을 나서고, 신을 신고 천천히 사당으로 향할 것이다. 그때 자연스럽게 이 마당을 지나게 되는데, 마당은 긴장을 주고 정신을 똑바로 차리게 만들어 준다.

명재 고택 대청 뒤로 조금 높은 마당이 있는데,
그곳에는 반들거리는 장독이 놓여 있고
작은 화단이 꾸려져 있다.
여자들이 멋을 부리며 가꾸는 뒷마당이다.

한옥의 마당을 통해 우리는 개성 있는 공간들과 각자의 이름을 가진 마당들이 모여서 어떻게 하나의 집을 이루게 되는지 읽을 수 있다. 그리고 그 안에서 사람들이 각자의 목소리를 내며 평화롭고 조화로운 삶의 풍경을 만들어내던 모습을 엿볼 수 있다.

ⓒ 노은주·임형남, 2019

초판 1쇄 2019년 11월 15일 펴냄
초판 3쇄 2021년 3월 11일 펴냄

지은이 ┃ 노은주·임형남
펴낸이 ┃ 강준우
기획·편집 ┃ 박상문
디자인 ┃ 최진영
마케팅 ┃ 이태준
관리 ┃ 최수향
인쇄·제본 ┃ (주)삼신문화

펴낸곳 ┃ 인물과사상사
출판등록 ┃ 제17-204호 1998년 3월 11일

주소 ┃ (04037) 서울시 마포구 양화로7길 6-16 서교제일빌딩 3층
전화 ┃ 02-325-6364
팩스 ┃ 02-474-1413

www.inmul.co.kr ┃ insa@inmul.co.kr

ISBN 978-89-5906-548-6 03610

값 16,000원

이 도서의 국립중앙도서관 출판예정도서목록(CIP)은 서지정보유통지원시스템 홈페이지
(http://seoji.nl.go.kr)와 국가자료공동목록시스템(http://www.nl.go.kr/kolisnet)에서
이용하실 수 있습니다. (CIP제어번호: CIP2019044210)